Entendendo
o
ESPIRITISMO

Nossos agradecimentos ao Museu Espírita do Rio de Janeiro, que, gentilmente, cedeu as fotos das personalidades espíritas que ilustram este livro.

Autores Diversos

Entendendo o ESPIRITISMO

Aliança

4ª edição, 1ª reimpressão /2019, do 120º ao 124º milheiro
Edição anterior sob o título Curso Básico de Espiritismo: 1ª edição, 14ª reimpressão, 46º milheiro

Título
Entendendo o Espiritismo

Autor
Diversos

Revisão
Maria Aparecida Amaral

Diagramação
Jaqueline Silva

Capa
Elifas Alves

Impressão
Rettec Artes Gráficas e Editora Ltda.

Ficha Catalográfica

Dados Internacionais de Catalogação na Publicação (CIP)
— Câmara Brasileira do Livro | SP | Brasil —

Entendendo o espiritismo.
São Paulo : Editora Aliança, 2010.

ISBN: 978-85-83640-66-0 / 160 páginas

1. Espiritismo 2. Filosofia
I. Vários Autores. II. Título.

10-10036 CDD-133.901

Índice para catálogo sistemático:

1. Doutrina espírita	133.901
2. Espiritismo: Fundamentos	133.901
3. Espiritismo: Teoria	133.901

Editora Aliança
Rua Major Diogo, 511 - Bela Vista - São Paulo - SP
CEP 01324-001 | Tel.:(11) 2105-2600
www.editoraalianca.com.br | editora@editoraalianca.com.br

Índice

Apresentação

Podemos classificar a **Escola de Aprendizes do Evangelho** como um dos mais importantes eventos registrados na história do Espiritismo. Iniciada em 1950, sob a orientação do comandante Edgard Armond, notabilizou-se ao longo de décadas pela sua capacidade de orientar os alunos no difícil terreno da reforma interior.

Com a **Escola de Aprendizes**, hoje desenvolvida por centenas de Grupos Espíritas, sediados no Brasil e no Exterior, enfatizou-se o Espiritismo em seu caráter verdadeiro, o religioso, cumprindo-se, dessa forma, a missão precípua da Terceira Revelação: **redimir o homem pelo Evangelho!**

Extirpar os vícios e controlar os defeitos, conquistar as virtudes exemplificadas por Jesus, atentar para a constante renovação moral nos três aspectos: íntimo, familiar e social, são algumas das maravilhas que a Escola oferece aos seus alunos. No dizer de muitos, aqueles que ingressam na Escola de Aprendizes encontram diante de si a "estrada de Damasco".

Não obstante os excelentes resultados alcançados nas Escolas, notava-se a necessidade de um **Curso Básico de Espiritismo** que, à guisa de estágio preliminar, ou ante-sala da Escola de Aprendizes, oferecesse aos alunos o conhecimento dos pontos fundamentais da Doutrina. No início de 1974, já fundada a ALIANÇA ESPÍRITA EVANGÉLICA, sua diretoria trocou ideias com o comandante Armond sobre o assunto e recebeu dele a aprovação e o incentivo para o estabelecimento do programa.

A elaboração do currículo, que se deveria limitar a 12 aulas, coube a Valentim Lorenzetti que, com sua visão de jornalista, apresentou um trabalho excelente. Após algumas emendas e comentários do comandante Armond, o programa foi oficializado em 1º de maio de 1974.

Atendendo a insistentes solicitações dos Centros Espíritas, foram gravadas em áudio as 12 aulas em tom de um "bate-papo" informal. Em 1976/77 as gravações foram adaptadas à linguagem radiofônica e levadas ao ar pela Rádio Boa Nova, de Guarulhos, São Paulo. A tarefa de transmudar o esquema radiofônico para a linguagem literária foi confiada a Flávio Focássio e a Valentim Lorenzetti.

Para a presente edição o texto foi ampliado, pela equipe de revisão da Editora Aliança, para 17 aulas, recebendo o título de *Entendendo o Espiritismo* e ficando de acordo com o previsto no programa estabelecido para os Grupos da Aliança, conforme consta no livro *Vivência do Espiritismo Religioso.*

Não esperem os prezados leitores um curso completo de Espiritismo, pois sua finalidade é ministrar conhecimentos **básicos** e, em consequência, abrir as portas aos desejos de aprofundamentos maiores.

São Paulo, dezembro de 2000

Editora Aliança

Capítulo I

O que é o espiritismo? Quando surgiu, em que lugar e em que circunstâncias?

1.1 Espiritismo

Espiritismo é uma doutrina religiosa revelada por Espíritos Superiores, através de médiuns, codificada por Allan Kardec, educador francês, em Paris, em meados do século XIX e é composta de princípios filosóficos, científicos e religiosos.

1.2 Revelações Espirituais na História da Humanidade

Revelar significa tirar o véu, mostrar, tornar conhecido o que é secreto. As leis divinas são reveladas às criaturas humanas de acordo com o seu grau de entendimento e capacidade de compreensão das verdades reveladas.

Periodicamente, a Espiritualidade Maior revela aos homens os princípios que norteiam os caminhos do bem, embora nem todos os aceitem ou deles se apercebam. Isso porque têm livre-arbítrio.

As revelações acontecem em épocas variadas, e povos, os mais diversos, as recebem, através do ensino de profetas inspirados e de instrutores espirituais capacitados. A vivência e a prática desses ensinamentos promovem a evolução espiritual das criaturas.

No Oriente, desde remotas eras, verificaram-se um grande número de revelações. Aqui nos referimos a três grandes Revelações Divinas:

— A 1ª Revelação, com Moisés, no Monte Sinai, quando foram recebidos os Dez Mandamentos. Aprendemos a Lei da Justiça.

— A 2ª Revelação, com Jesus, quando recebemos ensinamentos do Evangelho. Aprendemos a Lei do Amor.

— A 3ª Revelação, com o Espiritismo, quando recebemos a Doutrina Espírita que nos mostra a existência de outro mundo, mais real que o nosso — o mundo espiritual — explicando a origem e a natureza dos seres que o habitam.

São três grandes Revelações sucessivas e complementares, pois a segunda engloba a primeira, tanto quanto a terceira enfeixa a segunda e não se encerra.

I.3 O Paracleto (O Consolador Prometido por Jesus)

Encontramos no Evangelho de João 14:16-26 a alvissareira notícia que Jesus transmitira aos seus discípulos: "E eu rogarei ao Pai, e Ele vos dará outro Consolador" (...) "Não vos deixarei órfãos, voltarei para vós outros", prosseguiu o Mestre, informando que em tempo oportuno a humanidade seria, mais uma vez, agraciada pelas lições redentoras do seu Evangelho de Amor. "Mas o Consolador (o Paracleto), o Espírito Santo, a quem o Pai enviará em meu nome, esse vos ensinará todas as coisas e vos fará lembrar de tudo que vos tenho dito."

O termo **Paracleto** cujas raízes gregas (parakletus) o traduzem como consolador, confortador ou intercessor, em linguagem teológica, ganhou o significado de Espírito Santo, conforme o parágrafo anterior.

Quando Jesus, ao se referir ao **Paracleto**, afirmou: "A fim de que esteja para sempre convosco", deixou claro que o prometido advento do Espírito da Verdade, "que o mundo não pode receber, porque não o vê nem o conhece", não estaria representado num corpo material. Seria eterno e com os alicerces pousados na espiritualidade.

Registram-se na História Universal ilustres personalidades que resumiram as leis universais em ensinamentos significativos, gerando "escolas" que perduraram por séculos, sem, entretanto, se terem enraizado no seio da humanidade: fazer aos outros o que queremos que nos façam, disse Confúcio; abolir o egoísmo e o desejo foi lição de Buda; o saber gera as virtudes é o legado de Sócrates. Deus é justiça, ensinou Moisés ao homem recém-saído da animalidade; Deus é amor, exemplificou Jesus aos olhos da humanidade que "não O via nem O conhecia". Todas essas lições não resistiram ao poder abrasivo dos séculos, foram vítimas do esquecimento e das adulterações.

O Espiritismo, proclamando altamente que Deus é liberdade com responsabilidade, vem no tempo marcado cumprir a promessa do Cristo. O seu advento é obra de uma plêiade de Espíritos Superiores presidida pelo Espírito da Verdade. Conclama os homens à observância da Lei, fala-lhes sem figuras nem alegorias, levantando o véu propositadamente deixado sobre certos mistérios, e os concita à prática do bem e à consolação pela fé e esperança.

Fora da caridade não há salvação! É a síntese dos ensinamentos metodicamente organizados que compõem a Doutrina Espírita.

Prometendo a consolação pela fé, ensina-nos que esta é a Divina inspiração de Deus que desperta as virtudes e conduz o homem ao bem: **é a base da regeneração**. Concluímos, portanto, que as consolações esperadas são decorrentes da redenção: **nos redimimos e seremos consolados.**

A Doutrina Espírita, que, conforme exposto, tem por finalidade precípua a redenção do homem pelo Evangelho, surgiu na França, em Paris, no século XIX. Foi em 18 de abril de 1857 que Allan Kardec, o insigne codificador, apresentou aos homens *O Livro dos Espíritos*, que é a pedra angular do Espiritismo.

Convém ressaltar que Kardec, cuja biografia será estudada na aula seguinte, não foi o autor do Espiritismo. Confirmando o caráter impessoal da Terceira Revelação, ele foi o codificador, ou, em outras palavras, devemos ao professor lionês a compilação e coordenação das grandes indagações, que, transformadas em perguntas objetivas, foram submetidas aos Espíritos Superiores. O conjunto de perguntas e respostas compõe *O Livro dos Espíritos*.

Kardec, homem de visão ampla e dotado de profunda sabedoria, dedicou-se a um trabalho diuturno de pesquisas avançadas no infindável campo do conhecimento, sendo capaz de reunir, ao longo de dois exaustivos anos, as questões que resumiam a inquietude dos homens.

Allan Kardec

O Espiritismo surgiu numa época em que, conforme nos relata o professor Carlos Imbassahy, em A Missão de Allan Kardec, a palavra de Deus estava esquecida. Os processos de investigação iam ganhando vulto e tudo passava ao império da lei. Era o completo desbarato das religiões que se tornavam impotentes diante do progresso material. Corruptores e corrompidos, para todos a virtude era motivo de irrisão. Imperava o sentimento bélico; a bandeira do Cristo, nas mãos de católicos e protestantes, trouxe à Europa, durante vários séculos, a inquietação, a ruína, a devastação, o sangue, o luto e a morte.

Em nome de Jesus cometeram-se as maiores perfídias, como a da noite de São Bartolomeu; as maiores insânias, como a das Cruzadas; as maiores crueldades, como o extermínio dos cátaros ou albigenses; a maior infâmia, como a Inquisição, e as maiores espoliações, como o confisco dos bens das vítimas.

Foi após esse período crítico para a humanidade que surgiu o Espiritismo: manhã de claridade e de luz, aurora de um mundo novo!

Antes de finalizarmos este item, desejamos ressaltar a habilidade de Allan Kardec ao apresentar o Espiritismo como uma doutrina filosófico-moral. Claro está que, se fosse rotulada como religião, estaria fadada ao descrédito e ao desinteresse da parte da humanidade já cansada de religiões e vítima das arbitrariedades cometidas em nome das mesmas. **"Competia ao Codificador reorganizar o edifício desmoronado da crença, reconduzindo a civilização às suas profundas bases religiosas"** *(Emmanuel — A Caminho da Luz).*

Em seu discurso proferido em 1º de novembro de 1868, diz Kardec com clareza:

"Se assim é, perguntarão, então, o Espiritismo é uma religião? Ora, sim, sem dúvida, senhores. No sentido filosófico, o Espiritismo é uma religião, e nós nos glorificamos por isso, porque é a doutrina que funda os elos da fraternidade e da comunhão de pensamentos, não sobre uma simples convenção, mas sobre bases mais sólidas: as mesmas leis da natureza.

Por que, então, declaramos que o Espiritismo não é uma religião? Porque não há uma palavra para exprimir duas ideias diferentes, e que, na opinião geral, a palavra religião é inseparável da de culto; desperta exclusivamente uma ideia de forma, que o Espiritismo não tem. Se o

Espiritismo se dissesse uma religião, o público não veria aí senão uma nova edição, uma variante, se se quiser, dos princípios absolutos em matéria de fé; uma casta sacerdotal com seu cortejo de hierarquias, de cerimônias e de privilégios. Não o separaria das ideias de misticismo e dos abusos contra os quais tantas vezes se levantou a opinião pública.

Não tendo o Espiritismo nenhum dos caracteres de uma religião, na acepção usual do vocábulo, não podia nem devia enfeitar-se com um título sobre cujo valor inevitavelmente se teria equivocado. Eis porque simplesmente se diz: doutrina filosófica e moral".

1.4 As Irmãs Fox (Hydesville, EUA — 1848)

Quando a Doutrina Espírita estava para surgir, distinguimos nitidamente uma fase preliminar, preparatória, na qual fenômenos mediúnicos espetaculosos afloravam em todas as partes. Segundo Emmanuel (*Seara dos Médiuns*), a mediunidade serviu para atender aos misteres brilhantes da observação científica, projetando inquirições do homem para a Esfera Espiritual.

Kate Leah Margaret

Sr. John Fox Sra. Margaret Fox

Família Fox

Ilustres personalidades, entre as quais identificamos Wallace, Zöllner, Crookes e Lodge, mobilizaram médiuns notáveis e efetuaram experiências de valor inconteste. Era a espiritualidade a se manifestar de forma irrefutável diante do homem, abalando fortemente os alicerces do materialismo enraizado em suas concepções.

No livro *A Caminho da Luz*, Capítulo XXIII, Emmanuel esclarece o porquê da eclosão dos fenômenos de Hydesville:

"A tarefa de Allan Kardec era difícil e complexa. Atento à missão de concórdia e fraternidade da América, o plano invisível localizou aí as primeiras manifestações tangíveis do mundo espiritual, no famoso lugarejo de Hydesville, provocando os mais largos movimentos de opinião. A fagulha partira das plagas americanas, como partira igualmente delas a consolidação das conquistas democráticas".

Também o notável médium americano Andrew Jackson Davies (1826-1910), cognominado o "Allan Kardec norte-americano", que produziu cerca de trinta obras mediúnicas de grande profundidade filosófica, e cujos mentores eram os Espíritos de Galeno e Swedenborg, disse em uma de suas notas, datada de 31 de março de 1848: *"Esta madrugada um sopro passou pelo meu rosto, e ouvi uma voz, suave e firme, dizer-me: 'Irmão, foi dado início a um bom trabalho; contempla a demonstração viva que surge.' Pus-me a cismar no significado de tal mensagem."*

De fato, nesta mesma data, citada por Andrew, deram-se as famosas ocorrências de Hydesville, que foram levadas rapidamente ao conhecimento de todos os estados americanos, tendo chegado com a mesma presteza aos ouvidos dos pesquisadores da França, da Inglaterra, da Alemanha e de muitos outros países europeus, os quais se mostraram tão aturdidos e emocionados quanto os próprios habitantes de Hydesville.

Hydesville era um vilarejo típico do Estado de Nova York, com uma população certamente semi-educada, mas, como os demais pequenos centros de vida americanos, mais livres de preconceitos e mais receptivos às novas ideias que qualquer povo da época.

Situada a cerca de 40 quilômetros da nascente cidade de Rochester, consistia de um grupo de casas de madeira, de aspecto muito humilde. Foi numa dessas simples residências que se iniciou o desenvolvimento daquilo que, na opinião de muitos, é a coisa mais importante que a América deu para o bem-estar do mundo. Era habitada por uma família honesta de fazendeiros, os Fox, de religião metodista: além do pai e da mãe havia duas filhas morando na casa, ao tempo em que as manifestações atingiram tal ponto de intensidade que atraíram a atenção geral. Eram as filhas Margaret, de 14 anos, e Kate, de 11.

Foi em 1848 que os misteriosos ruídos registrados pelos antigos inquilinos voltaram a ser ouvidos. Eram sons de arranhaduras que, embora desconhecidos pelos fazendeiros iletrados, tinham ocorrido na Inglaterra, em 1661, e em Oppenheim, Alemanha, em 1520.

Manifestavam-se na porta da frente, tal como se alguém do lado de fora tentasse desesperadamente adentrar a porta da vida. Segundo consta (A. Conan Doyle — *A História do Espiritismo*), até meados de março de 1848 não incomodaram a família Fox, porém, dessa data em diante cresceram continuamente em intensidade. Às vezes eram simples batidas; outras vezes soavam como arrastar de móveis. As meninas ficavam tão alarmadas que se recusavam a dormir separadas e iam para o quarto dos pais. Tão vibrantes eram os sons que as camas tremiam e se moviam.

Em 31 de março de 1848, com a irrupção de sons altos e continuados a jovem Kate desafiou a força invisível. Eis o depoimento da Sra. Fox, que consta do livro de Conan Doyle, já citado: "Minha filha menor, Kate, disse, batendo palmas: **Sr. Perneta, faça o que eu faço.** Imediatamente seguiu-se o som, com o mesmo número de palmas".

Nessa data memorável, naquele quarto rústico, congregando gente simples do vilarejo, ansiosa e expectante, num círculo iluminado por velas, inaugurou-se a "linha telegráfica" entre os dois planos da vida. A pequena Kate, em sua ingenuidade, já havia apelidado o comunicante de **perneta**, em decorrência do barulho típico que ele fazia no seu andar misterioso.

A Sra. Fox perguntou:

— "Quantos filhos eu tenho?"

Sete pancadas foram ouvidas. Mas... Ela tinha apenas seis filhos! Contudo, imediatamente se lembrou de que tivera um, cujo desencarne ocorrera em tenra idade!

A partir dessa data a evolução foi muito rápida. Improvisaram um alfabeto através das pancadas (tiptologia) convencionando-se também que uma pancada significaria "sim", e duas "não".

Com o auxílio do alfabeto rudimentar estabeleceu-se uma linha contínua de comunicações. Ele, o comunicante, chamava-se Charles B. Rosma, fora assassinado naquela casa, cinco anos antes, com golpes de faca. Seu corpo tinha sido levado para a adega e ali enterrado três metros abaixo do solo. Também fora constatado que o móvel do crime fora roubo de dinheiro.

No verão (julho a setembro) de 1848, David Fox, outro filho do casal, auxiliado por Mr. Henry Bush e Mr. Lyman Granger, entre outros, escavaram a adega. A uma profundidade de um metro e meio encontraram uma tábua; aprofundando a escavação, identificaram carvão e cal e, finalmente, cabelos e ossos que foram testemunhados por um médico como pertencentes a um esqueleto humano.

Vários artigos foram publicados nos jornais da época, dando ampla difusão ao relatório dos fatos "misteriosos" ocorridos na residência dos Fox.

Com Hydesville surge uma nova fase no tortuoso curso da civilização: o homem, rendendo-se à evidência dos fatos, começava a aceitar um outro plano de vida, invisível, mas nem por isso menos real.

Kate e Margaret foram posteriormente submetidas às mais complexas experiências, sob a direção de sábios pesquisadores europeus, entre eles Crookes, na Inglaterra. Unanimemente, reconheceram as faculdades mediúnicas das irmãs e confirmaram a existência dos Espíritos.

Após Hydesville, a mediunidade eclodiu com admirável intensidade em várias partes do mundo, ganhando lugar de destaque entre os estudiosos que, destituídos de preconceitos, buscavam a verdade. As pesquisas prosseguiram em rápidos passos, preparando o terreno para a semeadura amorosa da Terceira Revelação.

Antes de estudarmos o último item desta aula, torna-se oportuno lembrar que o mediunismo sempre existiu, havendo provas documentadas de intercâmbio mediúnico há 5.000 anos. O que ocorreu às vésperas do advento do Paracleto foi uma **intensificação** que, conforme nos esclarece Irmão X (*Crônicas de*

Além-Túmulo), na parábola intitulada **A Ordem do Mestre**, representou o desencadeamento do alvissareiro plano dirigido diretamente por Jesus.

"Não vos deixarei órfãos, voltarei para vós outros..." (João, 14:18)

Reunião com Mesa Girante, Alemanha, 1853.

1.5 As Mesas Girantes na França

As manifestações ocorridas na cidade de Hydesville, Estados Unidos da América do Norte, misteriosamente surgidas na residência das irmãs Fox, em meados do século XIX, rapidamente foram tomando terreno e em pouco tempo todo o Velho Continente estava a par dos *rappings* (ação da batida na madeira), das mesas girantes e dançantes e de outros fenômenos inabituais. A grande novidade da América chegou à Alemanha, à França, à Inglaterra, à Espanha, a todas as classes sociais, da choupana ao palácio. Verdadeira época de loucura — comentavam os jornais da época. Revolução inacreditável nas leis físicas. Os objetos repentinamente pareciam ter adquirido movimento autônomo nos pontos mais diferentes do mundo.

A mesinha que graciosamente bailava no ar, desafiando as leis da física, manifestava uma ação inteligente ao responder perguntas com suaves pancadas. Aos poucos sedimentava-se nos curiosos que a observavam a ideia de uma força espiritual, ou, em outras palavras, a existência do Espírito.

O fenômeno das mesas girantes foi observado primeiramente na América, não obstante a história provar que o mesmo remonta à antiguidade. Alastrou-se pela Europa, sendo motivo de diversões para alguns e de pesquisa para outros.

Foi em fins de 1850 que os próprios Espíritos sugeriram a nova maneira de se comunicarem, em substituição ao processo moroso das pancadas. Os presentes se colocavam ao redor da mesa, sobre a qual deveriam pôr as mãos. A mesa se erguia suavemente, adquirindo movimento circular e, enquanto se recitava o alfabeto, ela dava uma pancada com os pés, toda vez que fosse proferida a letra que integrasse a palavra em formação. Conquanto possamos considerar o processo ainda moroso, apresentou resultados muito bons relativamente à sistemática anterior.

O movimento não era sempre circular; frequentemente se mostrava brusco, desordenado e violento; outras vezes era suave como um bailado.

Aos poucos as teorias do **fluido oculto**, que seria o responsável pelo interessante fenômeno, desmoronavam ao se evidenciar nas comunicações a presença de uma ação inteligente. Aqueles que a princípio buscavam as reuniões à guisa de entretenimento ou curiosidade começavam a formular as mais sérias inquirições.

Além de exibir inteligência, se verificava que em certas ocasiões a mesa se mostrava calma e todos os seus movimentos eram suaves; em outras, se apresentava irritadiça e seu deslocamento era brusco e agitado. Esses fatos, somados diante dos olhos de pesquisadores honestos, desejosos de encontrar a verdade, sugeriam de forma drástica e inquestionável a existência do Espírito.

Com o passar do tempo, o método sofreu aprimoramentos, como, por exemplo, a sofisticada mesa da sra. Girardin, em cujo tampo havia, dispostas em forma circular, as letras do alfabeto, e um grande ponteiro metálico girava selecionando as letras.

Em 1853, em Paris, quando pessoas bem-intencionadas observavam os movimentos da mesa, um Espírito comunicante sugeriu que buscassem na sala vizinha uma cestinha de vime, na qual fosse fixado um lápis e, em seguida, a cestinha deveria ser colocada sobre uma folha de papel. Um dos presentes foi convidado a colocar suavemente a mão sobre ela. Desenvolveu-se assim a comunicação escrita; surgiram as pranchetas, um meio mais eficiente, que consistia em uma lâmina de madeira, provida de três apoios, um dos quais era o lápis. Entendemos, assim, que o atrito entre a prancheta (três apoios) e a mesa, era consideravelmente menor que o observado ao se empregar a cestinha.

Era o nascimento da **psicografia**; podemos interpretar a cestinha ou a prancheta como simples apêndice das mãos, e a dádiva celestial do intercâmbio entre os dois mundos chegava à Terra em inexprimíveis ondas de claridade. Como nos diz Emmanuel, **"Consolador da Humanidade, segundo as promessas do Cristo, o Espiritismo vinha esclarecer os homens, preparando-lhes o coração para o perfeito aproveitamento de tantas riquezas do Céu".**

1.6 Bibliografia

O Novo Testamento, João, 14:16-26.

O Livro dos Espíritos, Allan Kardec, Introdução.

O Evangelho segundo o Espiritismo, Allan Kardec, Caps. VI e XIX.

Religião, Carlos Imbassahy, Cap. O Paracleto, FEB.

A Missão de Allan Kardec, Carlos Imbassahy,Cap. "A Imperiosa Necessidade do Advento Espiritual".

Revista Espírita, Allan Kardec, Novembro de 1868.

Seara dos Médiuns, Emmanuel, Cap. 1, FEB.

A História do Espiritismo, Arthur Conan Doyle, Caps. IV e V, Editora Pensamento.

A Caminho da Luz, Emmanuel, Cap. XXIII, FEB.

Crônicas de Além-Túmulo, Irmão X, Cap. "A Ordem do Mestre", FEB.

Capítulo 2

Como se criou o corpo da doutrina espírita e quem o criou? Sucinta biografia de Allan kardec.

2.1 Como se Criou o Corpo da Doutrina Espírita e Quem o Criou?

Antes de iniciarmos a abordagem deste tópico, seria de toda conveniência definirmos o que vem a ser **doutrina**. Consultando os dicionários, deparamo-nos com uma definição simples que satisfaz integralmente nossos objetivos: "Conjunto de princípios fundamentais nos quais se baseia uma religião, uma filosofia ou mesmo uma escola política".

De acordo com o exposto acima, **doutrina espírita é o conjunto de princípios básicos, fundamentais, sobre os quais se alicerça a religião espírita.**

Vejamos, agora, como foi criado o corpo doutrinário do Espiritismo, e quem o criou.

Recordando a aula anterior, vimos que Jesus prometera um Consolador: "E eu rogarei ao Pai, e ele vos dará outro Consolador". Aclarou-se, também, que o Consolador não viria na pessoa de um representante encarnado, "a fim de que esteja sempre convosco" (João 14:16). Então, concluímos que a imorredoura revelação seria um conjunto de ensinamentos enfeixados naquilo que denominamos **doutrina**.

Lembremo-nos, igualmente, que Jesus se reportara ao Espírito da Verdade: "O Espírito da Verdade, que o mundo não pode receber, porque não o vê nem o conhece" (...) "vos ensinará todas as coisas e vos fará lembrar de tudo o que vos tenho dito" (João, 14:17, 26).

Podemos agora dizer que a criação do corpo doutrinário se deveu a uma plêiade de Espíritos Superiores, liderada pelo Espírito da Verdade, que se preparou durante séculos elaborando uma doutrina possuidora de elevado potencial redentor, cujo conteúdo fosse de fácil assimilação; que reunisse todas as condições de penetrar nas grandes massas e, fugindo do academismo, alcançasse, indistintamente, a todos, oferecendo um notável convite à redenção em bases evangélicas.

Kardec, o Codificador, cuja biografia será estudada ainda nesta aula, se deu ao trabalho de:

- levantar as grandes questões do conhecimento humano;
- estudar as inquirições do homem moderno e seus pontos controvertidos;
- buscar os detalhes ignorados das grandes questões; e
- relacionar os temas motivadores de polêmicas.

Comparecia às sessões mediúnicas na condição de aluno atento e diligente. Segundo as palavras do dr. Canuto Abreu, trazia as questões devidamente preparadas, partindo das mais vagas e dogmáticas para as mais sérias e lógicas. Escrevia em seu apartamento, em Paris, à rua des Martyrs, 8, cada questionário numa folha de papel.

Antes de prosseguirmos, achamos interessante indicar que as cestinhas empregadas nas históricas sessões que tiveram por fruto *O Livro dos Espíritos* se encontram descritas com clareza em *O Livro dos Médiuns*, itens 153 e 154.

Ao iniciar o profundo trabalho que mais tarde se iria corporificar na grandeza de *O Livro dos Espíritos*, Kardec desconhecia a amplitude do empreendimento cuja repercussão seria mundial.

Os trabalhos tiveram início em agosto de 1855, na residência da família Baudin, à rua de Rochechouart. A médium principal era a srta. Caroline Baudin, de 16 anos, que era auxiliada por sua irmã Julie, de 14. Os Espíritos respondiam-lhe as perguntas, pela cestinha, através dessas duas médiuns dóceis e sem cultura filosófica.

Voltando à narração do dr. Canuto Abreu, o papel dos Espíritos foi de importância e amplitude quase absolutas. Após os trabalhos, no silêncio de seu gabinete, Kardec apostilava, classificando as lições.

Mais tarde, já em 1856, as sessões foram feitas na casa do sr. Roustan, à rua Tiquetone, 14, onde residia a menina Ruth Japhet, médium inconsciente que operava com a cestinha de bico, mais aperfeiçoada do que as até então empregadas. Ressaltamos que, ainda na residência do sr. Baudin, a obra já havia sofrido uma completa revisão, em entrevistas particulares, segundo orientação dos Espíritos Superiores, em que se fizeram todas as adições e correções que eles julgassem necessárias. Mesmo assim, se manifestaram os representantes do Plano Maior, induzindo Kardec a uma outra revisão, em trabalhos privativos com a srta. Japhet.

Acreditamos que os caros leitores começam a compreender a seriedade e a meticulosidade que foram reservadas à elaboração de *O Livro dos Espíritos*.

"*No entanto*, afirmava Kardec (*Obras Póstumas* — Minha Iniciação no Espiritismo), *não me contentei com essa verificação que os próprios Espíritos me recomendaram. Tendo-me relacionado com outros médiuns, sempre que se me oferecia ocasião, a aproveitava para propor algumas das perguntas que me pareciam mais espinhosas. Foi assim que mais de dez médiuns prestaram a sua assistência ao trabalho, e foi da comparação e da fusão de todas essas respostas, coordenadas, classificadas e muitas vezes remoídas no silêncio da meditação, que formei a primeira edição de* O Livro dos Espíritos".

O processo gestatório de *O Livro dos Espíritos* levou 18 meses a fio, de agosto de 1855 até janeiro de 1857, sem interrupções. Antes de os originais serem enviados ao editor Dentu, a obra foi submetida à supervisão do Espírito da Verdade, que suprimiu certos pontos, aditou outros e apontou partes que deviam ser guardadas até segunda ordem.

No **capítulo sétimo** deste livro, estudaremos o esboço de O Livro dos Espíritos que, como podemos deduzir, é a pedra angular do Espiritismo. O que veremos a seguir são os fundamentos da **doutrina espírita**.

Conforme a palavra esclarecida do professor Carlos Imbassahy, a doutrina espírita vinha destocar enraizados dogmas e revolucionar velhos postulados.

Não mais as penas eternas, senão a vida progressiva, com desfalecimentos temporários, mas sem paradas definitivas, sem regresso, sem condenação irremissível. Não mais a pena como vingança, como uma espécie de ódio do Criador à criatura, mas como um remédio, com um fim de cura, como um passo para o progresso.

O indivíduo não ressuscita para o Juízo Final, nem toma o mesmo corpo, nem vai para o Inferno. Nem inferno nem ressurreição nem Juízo Final, mas a volta em novos corpos, apropriados à necessidade do Espírito e moldados de acordo com as perfeições ou imperfeições do perispírito. A reencarnação é para o efeito de proporcionar ao ser o aprendizado na Terra, quase sempre experimentado pelas dores, quer as promovidas pelo convívio dos semelhantes, quer as provocadas pelas asperezas da natureza; todas, porém, imprescindíveis à sua felicidade futura, porque a felicidade depende da purificação do Espírito.

Deus não baixou à Terra. Deus é inacessível, inapreensível, invisível, inincorporável. É o absoluto. Criador de todas as coisas e de todos os seres, criador de tudo, Supremo Arquiteto, não poderia demorar por trinta e três anos num dos mais obscuros, retardados e atrasados orbes que criou. Impossível que deixasse o Infinito à matroca, para encurralar-se num minúsculo planeta de um dos seus menores sistemas. Quem vem ao Mundo são os seus Missionários, e entre eles veio o Cristo, que sofreu as contingências da existência planetária e a sorte que cabe aos que, afastando-se da craveira comum, procuram apontar o Caminho, trazer a Verdade e alimentar a Vida.

Não serão escolhidos apenas alguns; não há preferência na Paternidade Divina; não há vasos eternamente de ouro nem vasos eternamente de barro; não há os de antemão preparados para a glória e os previamente escolhidos para a perdição. Não há desgraças sem termo nem réprobos sem melhoria. Deus não endurece os corações nem exalta em merecimento. O progresso, a elevação, a felicidade são fruto do esforço próprio.

Há a evolução, o desenvolvimento espiritual, o livre-arbítrio progressivo. Todos atingirão a meta final da suprema ventura; é uma questão de diligência, de lutas íntimas, de tempo.

Não há diabos nem demônios nem eternos atenazadores dos seres humanos, com o fim de encaminhá-los ao reino de Satã; o que há são Espíritos inferiores, aos quais damos acesso por afinidade, por semelhança de pendores, por baixeza de sentimentos, e que se aproveitam de nossas fraquezas para nos prejudicarem, já induzindo-nos ao mal, já perseguindo-nos por todas as formas que lhes são possíveis. Algumas vezes a perseguição é ato de vingança; são dívidas contraídas para com eles e, sem o saberem nem o quererem, são instrumentos de nossa remissão.

Estes, mesmos, são fatores de nosso adiantamento, porque caindo é que nos levantamos, sofrendo é que nos redimimos e, por sobre as dificuldades, dissabores e asperezas da vida é que construímos o nosso futuro, é que formamos o plácido ambiente do dia de amanhã, é que nos encaminhamos para a Eternidade.

Poderemos repetir sucintamente as palavras de um cientista:

Enquanto nosso corpo se renova, peça por peça, pela perpétua substituição das partículas; enquanto ele pende e um dia descamba, massa inerte, para o túmulo, de que não mais se ergue, nosso Espírito, ser pessoal, guarda sempre a sua identidade indestrutível e reina como soberano sobre a matéria de que se revestiu, estabelecendo por esse fato, constante e universal, a sua personalidade independente, a sua essência espiritual, não sujeita ao império do tempo e do espaço, a sua grandeza individual, a sua imortalidade.

Essa é a lição dos Espíritos.

2.2 Sucinta Biografia de Allan Kardec

Hippolyte Léon Denizard Rivail*, filho de Jean Baptiste Antoine Rivail, magistrado, juiz, e Jeanne Louise Duhamel, nasceu em 3 de outubro de 1804, à rua Sala nº 74, em Lyon, na França.

Jean-Henri Pestalozzi

* Esta grafia corresponde a observada na Certidão de Casamento do prof. Rivail com Amélie Boudet, de 1832, sendo a mais comumente adotada na vasta bibliografia espírita. Entretanto, o excelente trabalho de pesquisa de Jorge Damas Martins e Stenio Monteiro de Barros, entitulado *Allan Kardec — Análise de Documentos Biográficos*, traz à luz a original Certidão de Nascimento, onde a grafia adotada é Denisard, Hypolite Leon Rivail.

Recebeu desde o berço uma tradição de virtudes, honra e probidade; seus antepassados tinham-se distinguido na advocacia e na magistratura, pelo talento, saber e honestidade.

Realizou seus primeiros estudos em Bourg e em 1814 seus pais enviaram-no para Yverdon, na Suíça, às margens do Lago Neuchâtel, onde ingressou no mais célebre instituto pedagógico de toda a Europa, cujo diretor era Jean-Henri Pestalozzi.

O instituto de Yverdon, pela sua fama, recebia alunos de todo o continente europeu. Pestalozzi, que recebera influências marcantes de Jean-Jacques Rousseau, colocava em prática os princípios que revolucionaram a pedagogia: prover a criança de bons exemplos; considerar que com uma ajuda mínima a criança pode desenvolver o espírito de observação e exercitar a memória; em vez de obrigá-la a estudar, despertar nela a motivação ao estudo. Abolindo a palmatória, o pai da pedagogia moderna implantou o regime que, mais tarde, receberia a denominação de "doce severidade".

Em Yverdon a responsabilidade cabia ao aluno e o estudo era motivo de prazer. Nesse clima de aceitação e respeito, o jovem Denizard assimilou virtudes que enfaticamente contribuíram na formação do seu caráter. Nos últimos anos, quando Pestalozzi se ausentava para difundir a sua escola pedagógica em toda a Europa, Hippolyte substituía o mestre, pois uma das técnicas empregadas, a "escola comunitária", ensejava aos mais velhos ensinarem aos pequenos.

Se muitos autores afirmam que Rousseau foi o pai espiritual de Pestalozzi, podemos considerar Pestalozzi o pai espiritual de Rivail.

Diplomou-se em 1818, deixando o instituto com excelente preparo intelectual e notável formação moral. Dominava, por força das circunstâncias, os idiomas inglês, alemão e holandês, falando-os fluentemente, além da sua língua natal, o francês, o que, sem dúvida, viria a facilitar o trabalho de difusão do Espiritismo em suas futuras viagens.

Alguns anos após ter deixado Yverdon, fundou, em Paris, à rua Sèvres, 35, uma escola que seguia o método Pestalozzi.

Em 1824, publica a sua primeira obra: *Curso Prático de Aritmética*. Nesse ano Pestalozzi publicava o seu último trabalho, tal como se o archote da verdade fosse transferido do mestre ao discípulo.

Possuidor de sólida instrução e robusta inteligência, publicou várias obras didáticas, entre as quais um memorial: *Qual o sistema de estudo mais em harmonia com as necessidades da época?*, que lhe valeu, em 1831, o prêmio da Academia Real d'Arras.

O seu desprendimento levou-o a ministrar, durante seis anos, à rua Sèvres, aulas gratuitas de Química, Física, Anatomia, Astronomia e outras matérias. Procurava usar métodos mnemônicos, de forma a não cansar o aluno e fazê-lo aprender com facilidade e rapidez.

Casou-se em 1832 com Amélie-Gabrielle Boudet, de quem recebeu o mais irrestrito apoio, tanto como brilhante pedagogo como na missão de codificador.

Entregou-se aos trabalhos pedagógicos até 1848, quando se prenunciava a sua iniciação no Espiritismo. Profundo conhecedor do macrocosmo, o professor Rivail volta as suas preocupações para o universo íntimo, dando maravilhosas lições através de exemplos de humildade, amor e caridade. Passa a se interessar pelos problemas sociais e sua dedicação fez com que a imprensa da época, certa feita, lhe atribuísse o título de "Homem Universal".

O seu interesse pelo espiritualismo surgiu quando, em 1820, ainda jovem, teve contato com a obra de Franz Anton Mesmer, sobre o magnetismo animal; entretanto, a sua conversão se daria ao longo de um ano, de 1854 a 1855.

Amélie-Gabrielle Boudet

Segundo nos relata Jean Vartier, em 1853 as mesas girantes empolgavam a sociedade parisiense. Foi, entretanto, na primavera de 1854 que o sr. Fortier, pessoa com quem travara relações em decorrência do estudo do magnetismo, revelou ao professor Rivail a "dança das mesas", dizendo-lhe: "Mas o fenômeno não se resume no movimento, fazem-na falar! Interroga-se e a mesa responde!"

"É necessário resguardar-se do entusiasmo que cega", afirmava Denizard, ao se propor ao estudo criterioso dessas manifestações.

O interesse de Hippolyte ampliou-se quando, no início de 1855, ele se encontra com o sr. Carlotti, velha amizade de vinte e cinco anos. Com a narração excessivamente entusiasta e vibrante de Carlotti, as dúvidas de Denizard aumentaram.

As primeiras experiências observadas por Denizard se deram na residência da sra. Plainemaison, à rua Grange-Batelière nº 18, numa terça-feira de maio, à noite.

A partir do evento ocorrido na casa da sra. Plainemaison, cuja data precisa é desconhecida (1855), Denizard aceita estudar racionalmente as leis que regem esses fenômenos.

Em 25 de março de 1856, dedicando-se incansavelmente ao estudo de mensagens mediúnicas que futuramente iriam compor *O Livro dos Espíritos*, já se esboçara em contornos marcantes a personalidade do codificador. Era o "nascimento" de Allan Kardec.

Eis o relato de seu próprio pulso sobre tais fatos, conforme consta do livro *Obras Póstumas*:

"Morava eu, por essa época, na rua dos Mártires, nº 8, no segundo andar, ao fundo. Uma noite, estando no meu gabinete a trabalhar, pequenas pancadas se fizeram ouvir na parte que me separava do aposento vizinho. A princípio, nenhuma atenção lhes dei; como, porém, elas se repetissem mais fortes, mudando de lugar, procedi a uma exploração minuciosa dos dois lados da parede, escutei para verificar se provinham do outro pavimento e nada descobri. O que havia de singular era que, de cada vez que eu me punha a investigar, o ruido cessava, para recomeçar logo que eu retomava o trabalho. Minha mulher entrou da rua por volta das dez horas; veio ao meu gabinete e, ouvindo as pancadas, me perguntou o que era. Não sei, respondi-lhe,

há uma hora que isto dura. Investigamos juntos, sem melhor êxito. O ruído continuou até a meia noite, quando fui deitar-me.

No dia seguinte, como houvesse sessão em casa do Sr. Baudin, narrei o fato e pedi que mo explicassem.

P- *Ouvistes o fato que acabo de contar; podereis explicar-me a razão dessas pancadas que se fizeram ouvir tão insistentemente?*

R- *Era o teu Espírito familiar.*

P- *Com que finalidade vinha bater assim?*

R- *Desejava pôr-se em comunicação contigo.*

P- *Podereis dizer-me quem é ele?*

R- *Podes dirigir a ele mesmo a pergunta, porque está presente.*

P- *Meu Espírito familiar, quem quer que sejais, agradeço-vos por virdes visitar-me. Quereis ter a bondade de esclarecer--me quem sois?*

R- *Meu nome, para ti, será* A Verdade, *e todos os meses, por um quarto de hora, aqui estarei, ao teu dispor.*

P- *Ontem, quando batestes, no momento em que eu trabalhava, tínheis algo de particular a dizer-me?*

R- *O que pretendia dizer-te relacionava-se com o trabalho que realizavas; o que estavas escrevendo me desagradava e eu desejava que parasses.*

Nota: *O que eu escrevia era exatamente referente aos estudos que fazia a respeito dos Espíritos e suas manifestações.*

P- *A vossa desaprovação dizia respeito ao capítulo que eu escrevia, ou ao conjunto do trabalho?*

R- *Ao capítulo de ontem; faço-te o juiz dele. Relê-o esta noite; descobrirás os erros nele e os corrigirás.*

P- *Mesmo eu não estava muito contente com esse capítulo e hoje o refiz. Está melhor?*

R- *Está, porém não muito bom. Lê da terceira à trigésima linha e encontrarás um grave erro.*

P- *Rasguei aquele que ontem fizera.*

R- *Não importa. Essa destruição não impede a substância do erro. Relê e verás.*

P- *A alcunha de* A Verdade *que adotais é uma alusão à verdade que eu busco?*

R- *Quiçá, ou, pelo menos, é um guia que te auxiliará e protegerá.*

P- *É-me permitido evocar-vos em minha casa?*

R- *Sim, para que eu possa assistir-te pelo pensamento; porém, no tocante a respostas escritas em tua casa, não será tão breve que as conseguirás.*

P- *Podereis vir mais assiduamente do que todos os meses?*

R- *Sim, porém não prometo senão uma vez por mês, até nova ordem.*

P- *Animastes alguma personagem conhecida na Terra?*

R- *Disse-te que era para ti A Verdade, e isso requer discrição de tua parte; não saberás além disso.*

Nota: *À noite, de regresso a casa, dei-me pressa em reler o que escrevera. Quer no papel que eu lançara à cesta, quer em nova cópia que fizera, se me deparou, na 30ª linha, um erro grave, que me espantei de haver cometido. Desde então, nenhuma outra manifestação do mesmo gênero das anteriores se produziu. Tendo-se tornado desnecessárias, por se acharem estabelecidas as minhas relações com o meu Espírito protetor, elas cessaram. O intervalo de um mês, que ele assinalara para suas comunicações, só raramente foi mantido, no princípio. Mais tarde, deixou de o ser, em absoluto. Fora sem dúvida um aviso de que eu tinha de trabalhar por mim mesmo e para não estar constantemente a recorrer a seu auxílio diante da menor dificuldade."*

O professor Denizard, ou Allan Kardec, teve conhecimento da sua grande missão em 30 de abril de 1856, na casa do sr. Roustan, pela médium srta. Aline C... através da cestinha: **"Quando a hora soar, não vos importareis; somente aliviareis os vossos semelhantes e individualmente haveis de magnetizá-los a fim de curá-los. Depois, cada qual no seu posto, porque todos serão necessários, pois que tudo será destruído sobretudo por um instante. Não haverá mais religião e uma será necessária: verdadeira, grande, bela e digna do Criador. Os primeiros fundamentos já estão lançados. Quanto a ti, Rivail, esta é a tua missão".**

Denizard, que escolhera o pseudônimo de Allan Kardec por vinculações a vidas pretéritas, resolvera-se por esse artifício para definitivamente separar a **sua obra** como professor ilustre, do **seu trabalho** de Codificador.

Pleno de coragem lançara-se de corpo e alma à elaboração de *O Livro dos Espíritos*, que veio à luz em 18 de abril de 1857, com 501 questões, impresso em duas colunas, uma com as perguntas e a outra com as respostas dos Espíritos.

De 1857 a 1869 dedicou-se inteiramente ao Espiritismo. Fundou a **Sociedade Parisiense de Estudos Espíritas** (1/4/1858), criou a **Revista Espírita** (1858), estabeleceu um formidável sistema de correspondência com vários países, viajou, fez conferências, estimulou a criação de novos centros e, complementando a sua missão de codificador, levou ao prelo os seguintes volumes que compõem, juntamente com *O Livro dos Espíritos*, o chamado **pentateuco** Kardequiano:

O Livro dos Médiuns (1861)

O Evangelho segundo o Espiritismo (1864)

O Céu e o Inferno (1865)

A Gênese (1868)

Em plena atividade, aos 65 anos incompletos, Kardec desencarnou em 31 de março de 1869, provavelmente vitimado por um acidente vascular cerebral, à rua Sainte-Anne nº 25, onde vivera nos dez últimos anos.

2.3 Bibliografia

Obras Póstumas, Allan Kardec, Cap. "Minha Iniciação no Espiritismo".

O Livro dos Médiuns, Allan Kardec, itens 153 e 154.

A Missão de Allan Kardec, Carlos Imbassahy, Cap. "Bases Doutrinárias".

Revista Espírita, Allan Kardec, Janeiro de 1858.

O Principiante Espírita, Henri Sausse.

Vida e Obra de Allan Kardec, André Moreil, EDICEL.

O Livro dos Espíritos e sua Tradição Histórica e Lendária, dr. Canuto Abreu, LFU.

O Primeiro Livro dos Espíritos de Allan Kardec, dr. Canuto Abreu, Companhia Editora Ismael.

Allan Kardec, La Naissance du Spiritisme, Jean Vartier (Caps. I, II, III e VII).

Capítulo 3

Como foi a doutrina espírita difundida pelo mundo? Os continuadores de Allan Kardec na França e em outros países.

3.1 Como foi a Doutrina dos Espíritos Difundida pelo Mundo

Uma das grandes preocupações de Kardec concentrava-se na divulgação doutrinária. Os primeiros passos na consecução dessa tarefa foram observados em 1858, com a fundação da Sociedade Parisiense de Estudos Espíritas e a edição da Revista Espírita.

Desde logo, o seu gabinete na sede da Sociedade se transformou em uma avançada central de comunicações, na qual o codificador começava a externar mais uma de suas múltiplas habilidades: um excelente relações públicas. Lançou mão de recursos que somente após algumas décadas seriam empregados pelos técnicos em comunicação: a mala direta, marketing, management etc.

Segundo Jean Vartier, nessa importante tarefa Kardec mostrava--se insuperável em capacidade de trabalho e um assombro em matéria de organização. Utilizando-se de uma expressão jornalística moderna, correspondia-se com mais de mil sociedades espíritas, do mundo inteiro, suprindo-as com inúmeras informações sobre o Espiritismo.

Prevaleciam os folhetos distribuídos gratuitamente, contendo textos diversos, inclusive aqueles que forneciam a orientação para organizar estatutariamente uma sociedade espírita.

O número de assinantes da revista era crescente e as cartas avolumavam-se sobre a sua mesa. A todos respondia, mesmo àqueles que lhe dirigiam cartas agressivas e insultuosas.

Transcrevemos, a título de ilustração, uma carta que, certamente, trouxe profundas emoções ao grande "batalhador da verdade".

Um correspondente em Lima, Peru, Dom Fernando Guerreiro, assim lhe escrevia:

"Estimadíssimo Senhor Allan Kardec,

Vosso O Livro dos Espíritos *acompanha-me em minhas solidões (...) Foi assim que pude traduzir algumas passagens do livro aos "selvagens" descendentes dos Incas.*

A ideia de reviver sobre a Terra parece-lhes muito natural, diz Dom Fernando, e um deles me perguntou um dia:

— Será que, depois de mortos, poderemos renascer entre os brancos?

— Certamente, respondi.

— Então, talvez sejas um dos nossos parentes?

— É possível.

— É talvez por isso que és bom e que te amamos?

— Também é possível.

— Então, quando defrontamos um branco, não devemos lhe fazer mal, porque talvez seja um dos nossos irmãos?"

Dom Fernando assim termina sua carta:

"Com certeza admirareis, como eu, esta conclusão, partida da boca de um selvagem, e o sentimento de fraternidade que surgiu nele..."

Jamais desprezava a oportunidade de discorrer sobre a Doutrina perante a imprensa. Ouvia, com serenidade, os adversários, e revidava os ataques pacificamente, acreditando que os mesmos, com o passar do tempo, seriam benéficos à divulgação.

A partir de 1860, a título de apreciar o progresso do trabalho de divulgação, deu início a um ciclo de viagens. Contava nessa época 56 anos e já acusava os primeiros sinais de velhice; contudo, o devotamento à causa lhe trouxe uma nova juventude! Lançou-se! Enfrentou o desconforto de viajar em carros de bois em estradas tortuosas, expôs-se às intempéries, alojou-se em albergues de última categoria, promíscuos e sujos. E foi com razão que afirmou Vartier: "O codificador rivalizava-se com os Espíritos na arte de abolir as distâncias".

Em 1860 visita Sens, Mâcon, Lyon e Saint Étienne. Nessa viagem já pôde sentir o poder de penetração do Espiritismo nas grandes massas. "A Doutrina tem exercido entre os operários, disse Kardec, a mais salutar influência sob o ponto de vista da ordem, da moral e do sentimento religioso."

Ressaltamos que, além do grandioso trabalho pela divulgação, prosseguia Kardec, sem descanso, na elaboração de *O Livro dos Médiuns*, que seria publicado em 1861.

No ano seguinte (1861) visita Lyon e Bordeaux. Quando falava em público, aflorava invariavelmente a figura de Rivail, didático, eloquente e expansivo. Registramos o importante depoimento fruto dessa viagem:

"O número de metamorfoses morais, entre os operários, é tão grande quanto o de adeptos!" E prossegue: "Os hábitos viciosos reformados, os ódios apaziguados, em uma palavra, as virtudes se desenvolvem pela confiança em um porvir no qual eles não acreditavam".

Em 1862, em sete semanas de viagem percorre vários lugares, discursa em 50 reuniões levadas a efeito em 20 cidades, entre as quais: Lyon, Bordeaux, Provins, Troyes, Sens, Avignon, Montpellier, Sète, Toulouse, Marmonde, Albi, Royau, Marennes, Saint-Pierre-d'Oléron, Rochefort, Saint-Jean-d'Angély, Angoulême, Tours e Orléans.

Em 1864, ano que muito significado tem na história do Espiritismo, pois veio à luz *O Evangelho segundo o Espiritismo*, Kardec se decide por uma viagem a Antuérpia e Bruxelas, lembrando aos espíritas belgas, perante as homenagens que lhe são tributadas, que *"o papel a mim confiado é o de instrumento obediente. É uma tarefa que aceitei com alegria e que me esforço em desempenhar dignamente, rogando a Deus que me dê as forças necessárias para cumpri-la de acordo com a Sua santa vontade".*

Ainda na Bélgica, recorda o que dissera em Lyon, em 1861:

"Vale mais, pois, existir em uma cidade cem grupos de dez a vinte crentes, onde nenhum se arrogue o domínio sobre os demais, do que uma sociedade que a todos englobasse. Tal fracionamento em nada pode prejudicar a unidade dos princípios, já que a bandeira é uma só e que todos se encaminham para o mesmo objetivo".

O ano de 1865 foi igualmente pródigo em realizações. Surgem vários jornais espíritas, diversos grupos são formados e é publicado *O Céu e o Inferno*. Nesse ano Kardec não viajou, sentindo-se já muito fatigado. Em 1866, verdadeiramente enfermo, os Espíritos aconselham-no a se poupar: **"Vossa atual doença deve-se à falta total de repouso"**. Logo que se restabeleceu, deu início ao trabalho de *A Gênese*, em labores exaustivos.

Andrew Jackson Davies

Alexandre Aksakof

Oliver Lodge

Gustave Geley

Em 1867 prossegue incansável trabalhando em *A Gênese*, dispondo de tempo somente para uma viagem rápida a Bordeaux, Tours e Orléans. Interessando-se pelos problemas sociais, organiza coletas a favor dos desempregados e vítimas de catástrofes ou convulsões sociais. Empenha-se em terminar a sua obra, formula as ideias gerais que concernem à organização, à administração e ao futuro do Espiritismo.

Em 1868 publica *A Gênese* e, após ter imprimido inteligente transformação na Sociedade Parisiense de Estudos Espíritas, lega à posteridade o que é considerado o seu **Testamento Filosófico**, onde constavam recomendações para a organização dos trabalhos futuros, em 16 itens, dirigidos ao Comitê Central. Kardec desencarnou em 31 de março de 1869.

3.2 A Colaboração de Cientistas

No campo científico, Kardec contou com a colaboração de vários homens ilustres, dentre os quais se destacam: Camille Flammarion, William Crookes, César Lombroso, Ernesto Bozzano, Oliver Lodge, Gustave Geley, Alexandre Aksakof, Russel Wallace, Albert de Rochas, Frederich Zöllner e outros.

Deve-se salientar ainda que o sucesso nas pesquisas realizadas por esses cientistas tiveram o apoio e a dedicação desinteressada de alguns médiuns, como Florence Cook (responsável pelas famosas materializações do Espírito Katie King) e Eusápia Palladino, dentre outros.

O Anexo, ao final deste livro, contém dados biográficos de alguns pioneiros do Espiritismo.

3.3 Os Colaboradores Brasileiros

O Brasil tem sido agraciado pela presença de Espíritos de luz que, durante a romagem terrena, têm exemplificado o Evangelho, legando-nos, na condição de continuadores de Kardec, lições de inestimável valor espiritual.

Entre as nobres figuras que abrilhantam a História do Espiritismo no Brasil, se destacam: Antônio Gonçalves Batuíra, Adolfo Bezerra de Menezes, Anália Emília Franco, Cairbar de Souza Schutel, Eurípedes Barsanulfo, Jésus Gonçalves, Leopoldo Machado e outros.

Muitas dessas biografias são apresentadas no Anexo, ao final do livro.

Florence Cook

Eusápia Palladino

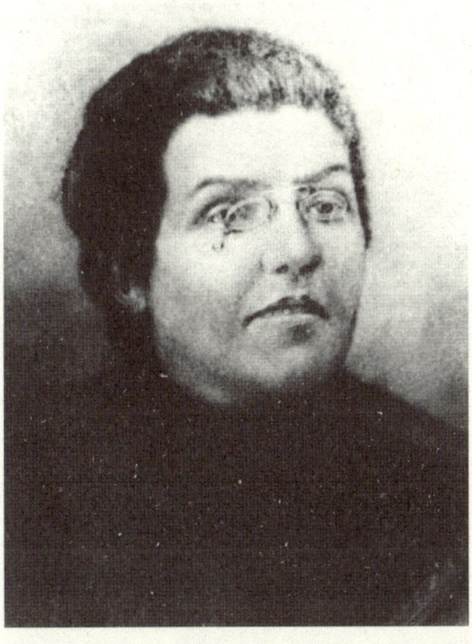

Anália Franco

Antonio Gonçalves Batuira

Cabe ainda destacar a relevante contribuição dos médiuns brasileiros que, com Francisco Cândido Xavier e Yvonne A. Pereira, apenas para citar os mais conhecidos, dedicaram suas vidas à divulgação doutrinária, psicografando obras de inestimável valor para a Doutrina Espírita.

3.4 A Colaboração dos Mentores Espirituais

Entre aqueles que, do outro plano de vida, vêm prestando inestimável colaboração ao trabalho do codificador se destacam Emmanuel, André Luiz e Meimei.

O primeiro foi, no tempo do Cristo, o senador romano Públio Lentulus, cuja biografia se encontra nos livros *Há Dois Mil Anos e Cinquenta Anos Depois*. Neste último há o relato de sua reencarnação sequente na condição do humilde escravo Nestório.

Emmanuel, através de Francisco Cândido Xavier (Chico Xavier) escreveu vários livros, entre os quais *O Consolador*, que não pode faltar na biblioteca do espírita. Destacamos também: *Roteiro, Emmanuel, A Caminho da Luz, Pensamento e Vida.*

Ainda de autoria de Emmanuel há uma série, em quatro volumes, versando sobre comentários evangélicos: *Pão Nosso, Fonte Viva, Vinha de Luz* e *Caminho, Verdade e Vida.*

A série romanceada, de indescritível beleza, reúne: *Há Dois Mil Anos, Cinquenta Anos Depois, Paulo e Estevão, Ave Cristo* e *Renúncia.*

André Luiz, pseudônimo de ilustre médico que viveu na sociedade carioca, desvendou os mistérios de além-túmulo, relatando numa série de volumes como é a vida no plano espiritual. Usando de linguagem fácil, ensina-nos, através da forma romanceada, lições que nos induzem a intensas meditações.

Seus livros, todos recebidos por Francisco Cândido Xavier, devem ser lidos e relidos constantemente. São eles: *Nosso Lar, Os Mensageiros, Missionários da Luz,* Ação e Reação, *Nos Domínios da Mediunidade, Libertação, Obreiros da Vida Eterna, Evolução em Dois Mundos, Mecanismos da Mediunidade, E a Vida Continua, Sexo e Destino, Entre a Terra e o Céu, Agenda Cristã, No Mundo Maior, Conduta Espírita, Desobsessão e Sinal Verde.*

Leopoldo Machado

Jésus Gonçalves

Emmanuel

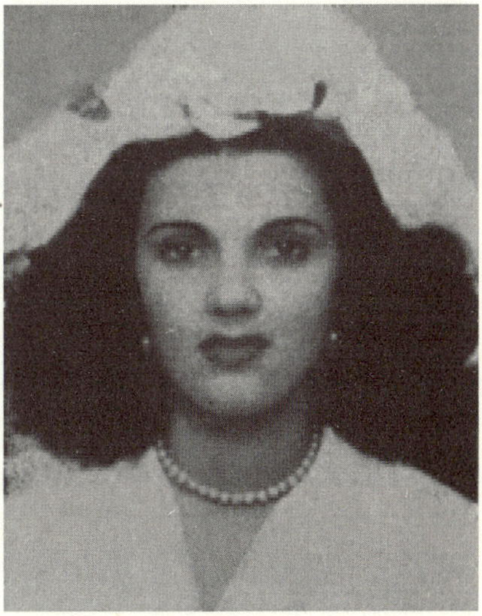

Meimei

Meimei (1922-1946), apelido carinhoso dado pelo esposo à professora primária Irma de Castro, antes de seu prematuro desencarne, aos 24 anos de idade. Desencarnada, promoveu ela intensa colaboração através da pena mediúnica de Chico Xavier, especialmente na área da evangelização infanto-juvenil, destacando-se as seguintes obras: *Pai Nosso* e *Cartilha do Bem*.

3.5 Bibliografia

Vida e Obra de Allan Kardec, André Moreil, EDICEL.

Allan Kardec, Zêus Wantuil e Francisco Thiesen, FEB.

Chico Xavier, Mediunidade e Coração, C. A. Baccelli, IDEAL.

ANNO I | BRASIL - E. de S. Paulo — Mattão, 15 de Fevereiro de 1925 | N.º 1

Revista Internacional do Espiritismo

PUBLICAÇÃO MENSAL DE ESTUDOS ANIMICOS E ESPIRITAS

Director: *CAIRBAR SCHUTEL*

Collaboradores: *DIVERSOS*

SUMMARIO

Victor Hugo — O grande poeta espirita

Capa do 1° número da *Revista Internacional de Espiritismo*

Capítulo 4

Qual a posição da doutrina espírita entre as demais filosofias e religiões existentes?

4.1 Princípios Fundamentais

O Espiritismo, na condição de doutrina espiritualista, adotou os seguintes princípios fundamentais:

- *a existência do Espírito e sua sobrevivência após o desencarne;*
- *as reencarnações sucessivas;*
- *a comunicabilidade e relacionamento entre Espíritos encarnados e desencarnados;*
- *a lei de causa e efeito;*
- *pluralidade dos mundos habitados;*
- *a lei da evolução.*

Apresentando-nos provas irrefutáveis sobre a existência do Espírito, demonstra-nos, de modo convincente, com base nos fatos, que o mesmo, em sua jornada evolutiva, passa por experiências sucessivas, em corpos distintos e épocas diferentes.

Aclara-nos, o Espiritismo, que a evolução, graças à lei de justiça (ação e reação), é constante, pois nada melhor do que sentir em nós as dores que infligimos a outrem, para aprendermos a lição e retificarmos nossos passos.

Conhecedores dessa lei e de suas consequências, ficamos sabendo que hoje, com os atos, planos e pensamentos, estamos a edificar o nosso futuro, e, naturalmente, somos induzidos à prática do bem. "Quem semeia ventos..." diz com propriedade o refrão popular, confirmando os ensinamentos espíritas: "A semeadura é livre, mas a colheita é obrigatória"; "cada um colhe o que semeou".

Na evolução espiritual, portanto, somos descendentes de nós mesmos, antepassados de nossa alma, herdeiros diretos do que fomos. Queiramos ou não, temos o nosso livro de crédito e débito. Isso é lei de vida!

Se a lei de Ação e Reação é apresentada de forma sutil em algumas doutrinas orientais, no Espiritismo ela é enunciada às claras, auxiliando-nos a alcançar plena conscientização dos erros cometidos no deserto da ignorância e, por decorrência, impulsionando-nos ao progresso.

Através do Espiritismo aprendemos que evoluir consiste na soma de experiências vividas em múltiplas encarnações, o que nos enseja a exteriorização dos atributos divinos que, de forma latente, se encontram encasulados em nosso íntimo.

Deus, como causa primária de todas as coisas, e Jesus, como modelo definitivo e único para todos os homens, é outro ensinamento valioso que a Doutrina nos revela.

Não possuímos ainda a inteligência suscetível de compreender a grandeza do Pai, esclarece-nos o Espiritismo, mas trazemos o coração capaz de aprender a sentir-Lhe o amor.

Entendemos Jesus como a fonte do reconforto, no entanto reconhecemos que aquele que somente recebe consolações e mimos paternos, se arrisca a envenenar o coração para sempre, na sede insaciável dos caprichos. Não acreditamos — diz-nos a Terceira Revelação — que o Cristo só haja trazido ao mundo a palavra revigoradora e afetiva, senão também um roteiro de trabalho que é preciso conhecer e seguir, em que pesem as maiores dificuldades.

Revela-nos que o espírita é o cristão redivivo, envolvendo-nos, portanto, na inadiável obrigação de socorro ao mundo.

O Espiritismo é a revivescência do Evangelho, atuando novamente entre os homens, com toda a pureza de sua origem: é um corpo de princípios morais, objetivando a libertação da alma humana para a Vida Maior; trata-se daquele Consolador prometido, enfeixando nova e bendita oportunidade de redenção.

4.2 A Universalidade do Ensino dos Espíritos

A garantia do ensino dos Espíritos está na concordância existente entre as revelações feitas, espontaneamente, por meio de um grande número de médiuns estranhos uns aos outros, em diversas regiões.

A verdade só é admitida quando tem em seu abono o consenso geral. Se a Doutrina fosse uma concepção meramente humana, teria apenas por garantia as luzes daquele que a houvesse concebido, é o que lemos na Introdução de *O Evangelho segundo o Espiritismo.*

Por outro lado, se os Espíritos que a revelaram se houvessem manifestado a um só homem, nada lhe garantiria a origem, pois seria preciso crer na palavra daquele que dissesse haver recebido esse ensinamento. Para que a Nova Revelação chegasse aos homens por via mais rápida e mais autêntica, os Espíritos Superiores a levaram de um pólo ao outro, manifestando-se em toda parte, sem a ninguém outorgar o privilégio exclusivo de ouvir a sua palavra.

A universalidade do ensino dos Espíritos constitui a grande força da Doutrina; fator responsável pela sua rápida propagação e garantia poderosa contra os cismas que eventualmente poderão ameaçar o Espiritismo. A concordância entre várias comunicações é uma arma eficaz contra as alterações tendenciosas que tentassem introduzir nos fundamentos doutrinários.

Os Espíritos verdadeiramente sensatos, quando não se julgam suficientemente esclarecidos sobre uma questão, não a resolvem nunca de modo absoluto, e declaram tratá-la apenas sob o seu ponto de vista, aconselhando mesmo que se aguarde uma confirmação.

A opinião universal é o juiz supremo que se pronuncia em última instância e que se constitui de todas as opiniões individuais.

4.3 As Transformações Históricas do Cristianismo

Na história do Cristianismo, vamos encontrar em suas origens as apagadas figuras de pescadores humildes, grosseiros e quase analfabetos, cujos atos se traduziram em heroísmos santificantes e redentoras abnegações.

Gestos de profunda beleza moral são localizados nos tempos das perseguições aos cristãos.

A conversão de Saulo de Tarso, cidadão romano, influiu poderosamente na difusão do novo ideal, e todo o sangue dos mártires da fé transformou-se em sementeira bendita de crença e de esperança consoladora.

No início, os bispos romanos não possuíam qualquer supremacia entre os companheiros de episcopado, e a igreja era pura e simples.

A doutrina de Jesus aos poucos foi perdendo a simplicidade encantadora das suas origens, transformando-se num edifício de pomposas exterioridades.

Após a instituição do culto dos santos, surgiram imediatamente os primeiros sinais de altares e paramentos, medidas assentadas pelos pagãos convertidos. As autoridades eclesiásticas atuaram para fanatização do povo, impondo-lhe ideias e concepções, em vez de educarem as almas na sublime lição do Nazareno. Em atitude deplorável sintonizaram-se com a preferência da massa ignorante, pouco inclinada às indagações transcendentes, pelas solenidades exteriores, pelo culto fácil do mundo externo.

As lições do Cristo trazem a necessidade da renovação de sentimento. Mas, ao considerar Jesus como o próprio Deus e os Anjos e Santos como seres criados perfeitos desobrigaram os homens de se esforçarem por seguir os seus exemplos, atrasando a evolução moral da humanidade.

O dogma da trindade, como uma adaptação da trimúrti da antiguidade oriental, surge no seio do Cristianismo e, pouco a pouco, o Evangelho desaparecia sob as despóticas inovações.

Criaram o culto das imagens, o latim nos rituais, a canonização, a confissão auricular, a adoração da hóstia e o celibato sacerdotal.

Como nos esclarece Emmanuel na publicação que tem o seu nome: *"Meu objetivo foi mostrar-vos a inexistência do selo divino nas instituições católicas"... "toda a força da igreja vem de sua organização política"... "ao lado dos poucos bens que espalhou está o peso esmagador das suas muitas iniquidades".*

4.4 O Espiritismo

Para situar o Espiritismo face às diversas filosofias e religiões do mundo, transcrevemos a seguir alguns trechos da obra de Edgard Armond intitulada *Religiões e Filosofias*. Serão citadas algumas respeitáveis religiões que, mesmo não sendo do conhecimento de todos que estão se iniciando no Espiritismo, vale a pena estudarmos para entender melhor o posicionamento da Doutrina Espírita no mundo:

Muito significativamente, logo de início, deixamos de incluí-lo (o Espiritismo) entre as duas classificações gerais — de religiões e filosofias — visto que ele se coloca à parte, mantendo uma posição singular entre as diversas correntes do conhecimento espiritual.

Em qualquer situação em que se o coloque ele aí ficará bem e em seu devido lugar.

Pode ser encarado como religião, sem contudo apresentar os defeitos que estas possuem; pode ser posto entre as filosofias e, nesse terreno, apresenta logo condições de vivo destaque, porque oferece possibilidades novas de conhecimentos mais amplos e mais elevados; pode ser considerado uma ciência, no que se refere ao conhecimento da vida cósmica e também nesse terreno ganha relevância, porque permite soluções de problemas até hoje considerados insolúveis, oferecendo meios de analisá-los direta e objetivamente.

Está na raiz e na essência de todos os conhecimentos, engloba-os todos e pode ser considerado uma espécie de cúpula a rematar, pelo Alto, a vasta e complexa estrutura do pensamento religioso, na sua evolução até o presente.

Entretanto, apesar de integrar-se em todas as manifestações da religiosidade humana, representada pelas doutrinas que vimos estudando, não deriva de nenhuma.

Por exemplo: nada possui dos cultos primitivos do totemismo, conquanto os efeitos resultantes da adoração de objetos, animais, plantas e elementos da Natureza sejam, até certo ponto, frutos da intervenção de forças e entidades dos planos da vida espiritual inferior.

Não é o fundamento das concepções da trilogia chinesa, mas, entretanto, está ali bem expresso e vivo no culto prestado aos antepassados e nas práticas que os chineses utilizavam para o intercâmbio que com eles mantêm após a morte.

Não descende do hinduísmo, porque não admite separações de castas nem privilégios sacerdotais.

Do vedismo não tem as cerimônias supersticiosas, a prática de sortilégios, o misticismo grosseiro; do bramanismo, a rigidez impiedosa, as limitações desesperadoras e o conceito da metempsicose, que admite o retrocesso do Espírito às formas da vida animal inferior.

Se oferece muitos pontos de contato com o budismo, no que respeita à fraternidade e ao sentimento de caridade para com o próximo, todavia, não aceita dele essa concepção gnóstica de poder o homem viver sem Deus, evoluindo unicamente pela renúncia e pelo desapego das coisas do mundo, porque sabe que as coisas materiais são necessárias e úteis à elevação do Espírito, porque é com auxílio do mundo material que pode realizar as experiências da sua própria evolução; por isso mesmo não aceita o isolamento, o ascetismo, o anacoretismo mas, ao contrário, aconselha o trabalho em comum no campo da vida social, a partilha das dores e das alegrias, dos erros e dos acertos, para que o ser humano possa subir em perfeito equilíbrio, adquirindo da vida um conhecimento integral e completo.

Se reconhece — com o masdeísmo — a existência de forças que levam para o Mal, não aceita o Mal como tendo existência à parte e independente, como um poder distinto e antagônico, mas, ao contrário, prega que o Mal é unicamente a ausência do Bem, uma ação praticada por Espíritos ignorantes, em condições inferiores de conhecimentos; que, com o correr do tempo, pelo uso do livre-arbítrio e pelas experiências sucessivas que fizerem, passarão a agir em planos diferentes, praticando unicamente o Bem.

Se existe, no Judaísmo, em relação ao Espiritismo — em todas as manifestações de espiritualidade que ele demonstra, bem como no intercâmbio com as entidades espirituais superiores — estreitos contatos e similitudes doutrinárias; se o Judaísmo é religião monoteísta e matriz do Cristianismo, todavia sua organização sacerdotal, exclusivista e com visos de predestinação racista, oferece diferenças profundas com o Espiritismo, que é universalista, despido de fórmulas e essencialmente regenerador do espírito humano.

E quanto ao Islã?

O fanático fatalismo islâmico não encontra lugar na doutrina que reconhece o livre-arbítrio como um dos atributos mais importantes do ser humano em evolução.

Apesar de também monoteísta e imortalista, o Islã, pelo exclusivismo religioso, que o levou à propagação de seus dogmas pela força, afasta-se do Espiritismo, que prega a fraternidade entre todos os homens e a tolerância sob todas as formas e condições.

E como situá-lo em face do Cristianismo oficial?

As religiões organizadas, visando o poder temporal, apesar de se apoiarem nos testamentos sagrados dos hebreus e nos Evangelhos cristãos, usam de interpretações literais, afeiçoadas a seus próprios interesses, sem esforço de penetração mais profunda e sem exemplificação evangélica na vida prática, mormente no que respeita ao próprio indivíduo.

O Espiritismo norteia os homens para o conhecimento evangélico segundo o espírito e não segundo a letra, e para sua exemplificação em todos os atos da vida individual; visa, sobre toda outra qualquer atividade, cristianizar a humanidade, evangelizando-a.

O Espiritismo é, pois, o mais avançado e perfeito sistema de iniciação espiritual dos tempos modernos, e as claridades dos seus ensinamentos iluminam os caminhos do adepto, como jamais o conseguiram quaisquer outras das doutrinas até hoje conhecidas e professadas, porque desde o seu advento realizou, entre muitas outras, estas coisas notáveis:

1º) Colocou as verdades essenciais ao alcance de toda a humanidade, sem distinções ou limitações de qualquer natureza, salvo as referentes à própria negatividade individual.

2º) Completou o quadro dos conhecimentos espirituais, compatíveis com o entendimento dos homens desta época, transmitindo esclarecimentos ainda não revelados até o presente.

3º) Eliminou a necessidade de iniciações secretas e sectárias, generalizando seus conhecimentos para toda a massa do povo, sobretudo popularizando o intercâmbio entre os mundos, pela mediunidade.

4º) Demonstrou que o progresso espiritual só pode ser realizado em boas condições mediante o desenvolvimento, equilibrado e recíproco, do sentimento e da inteligência.

5º) Revelou que o Cristo — o Verbo — é o arquiteto da estruturação e da organização da vida neste planeta, medianeiro entre Deus e os homens, e que seu Evangelho é a síntese da mais alta moral e a norma da mais elevada realização espiritual.

6º) Evidenciou que o conhecimento das coisas de Deus não deve nem pode ser adquirido por métodos contemplativos, no isolamento das coisas do mundo mas, ao contrário, no convívio de todos os seres, ao contato das dores, das misérias e das imperfeições de todos os homens porque a vida, ela mesma, é que fornece experiência, sabedoria e elementos de aperfeiçoamento.

7º) Libertou o homem da escravização religiosa e do esforço, quase sempre improdutivo, da especulação filosófica, ofertando-lhe conhecimentos reais, concludentes, lógicos e completos, todos eles, como já dissemos anteriormente, passíveis de demonstração experimental.

Vimos que o Espiritismo está no âmago de todas as doutrinas, conquanto não dependa nem descenda de nenhuma delas.

É ele então uma doutrina à parte, original ou diferente?

Não. O Espiritismo é a grande árvore, que tem muitos ramos, cada qual apontando num sentido e dotado de fisionomia própria, conquanto sem muitas diferenciações no conjunto.

O Espiritismo, todavia, não é simplesmente uma nova árvore nascida isolada e de feição especial, mas também uma força nova, que veio, cobriu todos os ramos da árvore antiga, uniu-os entre si, fechou todas as lacunas, sobrelevou-se a todos e prolongou a árvore para cima, tornando-a mais forte, mais alta, mais perfeita.

Trouxe conhecimentos que estavam revelados parcialmente em todas as demais doutrinas, completando-as, esclarecendo-as.

Tem estado de uma certa forma coexistente desde sempre em todas elas, e somente com seu advento os pontos obscuros puderam ser compreendidos, os erros corrigidos e as falsas interpretações substituídas por outras mais reais.

Qual destas doutrinas não prega ou pregou a imortalidade, a vida post-mortem?

Qual delas não reconhece a existência de um Deus soberano ou de uma hierarquia de entidades espirituais subordinadas?

Qual não prega o exercício do Bem como condição de salvação ou de progresso espiritual?

Qual não reconhece um Criador e uma criação?

Tais são pontos comuns.

Em qual delas não são reveladas manifestações de entidades que viveram na Terra?

E não há referências muitíssimo claras da posse de faculdades mediúnicas por parte de seus homens e mulheres, seus santos e heróis?

São outros pontos comuns.

E a maioria das doutrinas citadas não admite ou demonstra a reencarnação? As vidas sucessivas e a pluralidade dos mundos?

E muitas delas não admitem também a involução e a evolução do ser individual?

Não são outros pontos comuns?

Mas, então, é de se perguntar: que é que o Espiritismo trouxe de novo?

E a resposta é: trouxe provas e alargou os conhecimentos. Se todos falam de imortalidade, se muitos pregam a reencarnação e as vidas sucessivas nos diferentes mundos do Universo, entretanto, somente o Espiritismo trouxe as provas desses fatos e os detalhou de forma objetiva; somente ele estabeleceu bases seguras e indiscutíveis do intercâmbio entre seres habitantes de mundos e esferas diferentes; colocou a mediunidade como fundamento desse intercâmbio e estabeleceu as regras para sua realização; desvendou novos campos no conhecimento da vida além-túmulo e nas relações dos seres habitantes dos diferentes mundos e esferas; mas, sobretudo, desenterrou o Evangelho da mistificadora capa das interpretações literais, fazendo-o ressurgir no seu verdadeiro aspecto e significado; com tudo isso deu novo alento à alma humana, novas seguranças aos corações descrentes e novos rumos aos Espíritos imersos em perturbação religiosa. Trouxe as novas esperanças do Paracleto.

Por isso é que ele se chama o Consolador, a Terceira Revelação, o Cristianismo Redivivo.

4.5 Bibliografia

O Livro dos Espíritos, Allan Kardec, Introdução.

O Evangelho segundo o Espiritismo, Allan Kardec, Introdução.

Emmanuel, Emmanuel / Francisco Cândido Xavier, Cap. III, FEB.

A Caminho da Luz, Emmanuel / Francisco Cândido Xavier, Caps. XV e XVI, FEB.

Religiões e Filosofias, Edgard Armond, Editora Aliança.

Capítulo 5

Quais os setores em que a doutrina espírita se compõe? Qual deve ser considerado o mais importante? E por quê?

5.1 Ciência

Podemos definir **Ciência** como um conjunto de verdades logicamente encadeadas entre si, formando um sistema coerente. Trata-se do conhecimento das coisas por suas causas e por suas leis.

O método científico não se contenta, portanto, em apreender o fato; aprofunda-se para achar a razão do fato, adentrando a essência do fenômeno.

Deduzimos que a Ciência tem sua origem na curiosidade natural do homem ou, em outras palavras, na sua necessidade de compreender e explicar as coisas.

O conhecimento científico é metódico e sistemático; utiliza-se de meios de pesquisa especialmente adaptados à natureza dos fenômenos observados; e sintetiza os resultados das pesquisas em um sistema de verdades logicamente encadeadas.

O Espiritismo, ao examinar os fatos segundo métodos especialmente adaptados para pesquisar a existência do Espírito e sua intervenção no mundo corpóreo, e reunir os resultados em um sistema de verdades providas de um encadeamento lógico, demonstra-se como Ciência. Até o advento da Terceira Revelação, os problemas espirituais eram tratados de maneira empírica, e as religiões, sem outra alternativa, deslocavam a problemática do Espírito para o terreno do mistério ou do dogma. O Espiritismo mostrou que podemos abordar tais problemas através da razão.

Segundo o professor Herculano Pires, antes do surgimento de *O Livro dos Espíritos*, havia o que pode ser chamado de "espiritualismo utópico" e tudo o que vem com ele e depois dele, seguindo a sua linha doutrinária, "espiritualismo científico".

A Ciência Espírita transparece nas páginas de *O Livro dos Espíritos* e demais obras da Codificação; contudo, se encontra condensada em *A Gênese*, conforme veremos nas aulas seguintes.

O aspecto científico é importante e fundamenta toda a edificação religiosa em conformidade com as leis naturais. **Mistério** e **sobrenatural** são palavras desconhecidas no vocabulário espírita, pois para tudo há uma explicação, uma causa lógica. É a Ciência Espírita que enseja a construção de uma **fé inabalável, que pode enfrentar a razão face a face.**

5.2 Filosofia

A palavra **Filosofia** procede do grego e equivale a **amor à sabedoria**. Trata-se de uma reflexão sobre o próprio comportamento humano e a aspiração a uma concepção racional do Universo.

Ora, face ao exposto é desnecessário comprovarmos o caráter filosófico da Doutrina Espírita, assim como será dispensável demonstrarmos que *O Livro dos Espíritos* constitui o arcabouço filosófico do Espiritismo.

Em *O Livro dos Espíritos* encontramos aclaramentos profundos sobre o que diz respeito à concepção do **eu** e do **Universo**.

Inicia por Metafísica; aborda a Cosmologia; aprofunda-se em Psicologia; disserta sobre os problemas do Espírito, na origem e natureza; ilumina o discutido tema de vida ap ós a morte, para concluir com maravilhosa incursão no campo das leis morais; e encerra o livro com as considerações de ordem teológica sobre as penas e gozos futuros e a intervenção de Deus na vida humana.

5.3 Religião

O conceito de Religião, segundo Léon Denis, é o esforço da Humanidade para se comunicar com a essência eterna e infinita, e, de acordo com Emmanuel, trata-se de um sentimento divino que clarifica o caminho das almas.

Aprendemos que toda religião deve traduzir-se por atos, e o conjunto de atos pelos quais a religião se exprime denomina-se **culto**.

O culto pode ser interior, compreendendo a nossa renovação íntima; e exterior, que se traduz no trabalho que realizamos em favor do próximo.

Ainda segundo Emmanuel, Religião é o sentimento divino, cujas exteriorizações são sempre o amor nas expressões mais sublimes. Enquanto a Ciência e a Filosofia operam o trabalho de experimentação e do raciocínio, a Religião edifica e ilumina os sentimentos.

5.4 O Aspecto Religioso é o Mais Importante

De acordo com as conceituações apresentadas nos itens anteriores, podemos concluir que o Espiritismo é uma Religião, além de ser Ciência e Filosofia.

Ao analisarmos o tríplice aspecto da Doutrina e indagarmos qual deles é o de maior importância, temos a resposta de Emmanuel:

"Podemos tomar o Espiritismo, simbolizado desse modo, como um triângulo de forças espirituais.

A Ciência e a Filosofia vinculam à Terra essa figura simbólica, porém, a religião é o ângulo divino que a liga ao céu. No seu aspecto científico e filosófico, a doutrina será sempre um campo nobre de investigações humanas, como outros movimentos coletivos, de natureza intelectual, que visam o aperfeiçoamento da Humanidade. No aspecto religioso, todavia, repousa a sua grandeza divina, por constituir a restauração do Evangelho de Jesus Cristo, estabelecendo a renovação definitiva do homem, para a grandeza do seu imenso futuro espiritual".

Em outra citação, diz-nos Emmanuel: *"Em Espiritismo, a Ciência indaga, a Filosofia conclui e o Evangelho ilumina... A Ciência e a Filosofia são os meios, o Evangelho é o fim".*

Sobre o culto interior esclarece-nos Emmanuel:

"Espiritismo sem edificação do homem interior é simples fenômeno, e de fenômenos estão repletos todos os recantos da vida".

Um outro ensinamento de Emmanuel que enfatiza o caráter religioso, como o mais importante:

"O Espiritismo com Jesus é Ciência Divina de aperfeiçoamento da unidade a refletir-se na melhoria do todo".

Como contribuição à tese de que o aspecto religioso da Doutrina Espírita deve ter a prevalência, observem a situação do mundo em que vivemos. Façamos um balanço das maiores conquistas e dos maiores fracassos e veremos que o homem terrestre notabiliza-se por seus feitos e avanços científicos, mas é incompetente para prodigalizar o Bem, a Paz e a Solidariedade. O ódio é decorrência do separativismo, e a fraternidade ainda é um sentimento limitado e restrito a famílias e pequenos grupos.

Se o planeta Terra fosse um orbe atrasado, onde vivesse uma humanidade de boa índole mas de grande preguiça mental, e a ignorância e o desconforto material predominassem, o aspecto científico do Espiritismo seria o mais importante e necessário nesse mundo hipotético. Porém é outra a realidade atual...

E, para finalizarmos este capítulo, mais uma lição de Emmanuel, que nos enseja profundas meditações:

"O Espiritismo é o Consolador prometido por Jesus aos homens, e que deveria aparecer quando a Humanidade estivesse apta a compreender o seu ensinamento velado nas parábolas... é a síntese maravilhosa que abrange todas as atividades humanas, no sentido de aperfeiçoá-las para o bem comum... na sua missão de Consolador, é o amparo do mundo neste século de declive. Só ele pode, em sua feição de Cristianismo redivivo, apontar aos homens o seu verdadeiro caminho".

5.5 Bibliografia

O Consolador, Emmanuel / Francisco Cândido Xavier, Introdução e Perguntas nºs 260, 292 a 296, FEB.

Teoria do Conhecimento, J. Hessen, Introdução.

O Livro dos Espíritos, Introdução de J. Herculano Pires, LAKE.

Iniciação Espírita, Autores diversos, Capítulo "Ciência e Religião", Editora Aliança.

Capítulo 6

Diferença entre espiritismo, umbanda e religiões afro-indígenas

Sob o título *Seitas Paralelas*, tema 56 do livro *Na Semeadura I*, Edgard Armond, fundador da Escola de Aprendizes do Evangelho em 1950, tece comentários sobre o Espiritismo e a Umbanda, principal representante das religiões afro-indígenas no Brasil. A seguir, a transcrição do texto:

"Quase todas as seitas ou religiões, por mais inteiriças que sejam, com o tempo sofrem o fenômeno dos cismas ou, no mínimo, dos movimentos paralelos.

No Espiritismo, o movimento paralelo de maior vulto é a Umbanda; conquanto não tenha vindo dele ou dele se desagregado, a Umbanda tornou-se um movimento paralelo por haver entre os dois práticas similares de mediunismo.

Esse movimento, em nosso país, evolui recebendo em seu seio os egressos menos cultos ou menos convictos do Catolicismo Romano, do Protestantismo e do materialismo; os primeiros, sobretudo, facilmente se adaptam aos ritos e cerimônias, algumas bastante assemelhadas, que podem oferecer, conquanto empiricamente, alguns conhecimentos do setor das reencarnações e das manifestações de Espíritos desencarnados.

Nestes termos a Umbanda oferece ao Espiritismo indireta cooperação, porque se situa como uma espécie de ponte, de poucos lances é verdade, mas que leva à possível adoção do Espiritismo, no futuro.

Esta possibilidade poderia ser enobrecida se desse movimento, ainda desarticulado e inferiorizado, fossem eliminados certos ritos e os elementos do culto exterior, que não se compatibilizam com a finalidade principal da Doutrina Espírita, que é ajudar os homens evoluírem para Deus, conquistando virtudes morais, evangelizando-se, desprendendo-se do mundo material e lutando pela sua redenção.

Uma das razões mais evidentes da rápida expansão da Umbanda em nosso país é o seu utilitarismo, o fato de que ela exerce suas práticas visando, de preferência, os interesses pessoais de ordem material, como sejam: a cura de moléstias, os arranjos de vida, os negócios, amores contrariados etc., não cuidando do principal, que é o esclarecimento espiritual dos adeptos, sua conduta moral, a difusão evangélica e outras exigências que levam à espiritualização, que é finalidade das religiões e doutrinas de mais elevada condição.

A Umbanda, entretanto, sendo um culto popular empírico, sem orientação definida e sem unidade direcional, é natural que ainda não esteja em condições de atuar nesses setores edificantes da espiritualização humana, a não ser em um ou outro caso isolado, que foge à regra geral."

Valentim Lorenzetti também lançou luzes sobre o assunto. A seguir, o texto "O Preto Velho", que está em seu livro Caminhos de Libertação.

"É preciso nos acautelarmos com respeito a uma tendência que se nota nos meios simpatizantes do Espiritismo, que tem procurado discriminar a Doutrina Espírita classificando-a em duas: o Kardecismo e 'a outra linha'.

Mais uma vez esclarecemos: não existe Kardecismo como religião. Allan Kardec é o pseudônimo do sábio francês que codificou a Doutrina Espírita: um homem que fez questão absoluta de deixar claro não ser dele a obra, mas, sim, dos Espíritos Superiores. Há um método kardecista, isto sim; o método do bom senso, que levou Kardec a codificar ensinamentos esparsos dando-lhes estrutura doutrinária. Para essa doutrina, Kardec criou a palavra ***Espiritismo****. E explicou se tratar de uma revivescência do Cristianismo. Não há no Espiritismo, portanto, nada que não seja cristão.*

Ora, tentar classificar Espiritismo em subdivisões é jogar cinza num espelho. É tentar justificar acomodação. 'Sou espírita, mas sigo a outra linha: não sou de Kardec'. Resposta: não é espírita coisa nenhuma, pois admite tão-somente o fenômeno mediúnico e não está preocupado em nada com sua reforma moral, com a vivência evangélica. 'Conhecereis o espírita pelo seu aprimoramento moral', esta é a senha, e não esta: conhecereis o espírita pela sua frequência a reuniões mediúnicas.

'Mas, no Kardecismo, não admitem pretos velhos e índios; recebo um preto velho e vários índios, por isso preciso frequentar os centros da outra linha' — já ouvimos alegar. Não é verdade. O Espiritismo tem um lema: "Fora da Caridade não há salvação". Logo, a Doutrina Espírita tem duas atitudes para com os pretos velhos ou os índios, ambas dentro da caridade:

1ª) se o preto velho ou o índio, desencarnados, se manifestam para ajudar o próximo, e não somente para 'quebrar o galho' sem maiores preocupações morais, estão trabalhando dentro dos preceitos evangélicos, e, portanto, espíritas. Não importa a simplicidade da linguagem utilizada; interessa a essência do trabalho;

2ª) se são ainda Espíritos ignorantes e voltados para o mal, são muito bem recebidos no Centro Espírita para receberem esclarecimento e vibrações de amor, pois são Espíritos necessitados e dignos de caridade.

Logo, pretos velhos e índios têm lugar no Espiritismo, como tinham acesso a Jesus tanto o doutor da lei, a mulher de má vida, o pescador ignorante, o leproso, o cego. E a todos Jesus atendia com carinho, dispensando atenção diferente para cada um.

O que não se admite, isto sim, é que o Espírito necessitado se faça passar por um grande dispensador de ajuda ao próximo, numa autêntica mistificação ou total ignorância. Seria admitir um cego conduzindo outro cego — conforme nos advertiu Jesus há quase 2000 anos.

O Espírito de preto velho ou de índio que realmente queira ajudar encontrará no Espiritismo condições de exercer a caridade e, mais ainda, de aprimorar seus métodos de trabalho em favor do próximo, uma vez que a Doutrina Espírita nos abre a mente para o infinito e nos ensina todas as implicações da Lei de Causa e Efeito."

——— ■ ———

Deolindo Amorim, no texto *O Espiritismo e as Doutrinas Espiritualistas*, também trata do assunto. A seguir, a transcrição:

"Como forma religiosa a Umbanda não tem correspondência com o Espiritismo. A Umbanda, como o Espiritismo, tem os seus aspectos particulares, os seus comportamentos específicos, as suas características próprias.

O Espiritismo é, ao mesmo tempo, uma ciência de observação e uma doutrina filosófica. Como ciência prática, ele consiste nas relações que se estabelecem entre nós e os Espíritos; como filosofia, compreende todas as consequências morais, que dimanam dessas mesmas relações. (Allan Kardec — *O que é o Espiritismo*)

Ponhamos, pois, o Espiritismo e a Umbanda em posições paralelas, no seguinte quadro:

O Espiritismo NÃO tem culto material.	A Umbanda TEM culto material.
O Espiritismo NÃO tem ritual.	A Umbanda TEM ritual.
O Espiritismo NÃO prescreve qualquer forma de paramento nem comporta o formalismo de funções sacerdotais.	A Umbanda TEM "pais" de terreiro com vestimenta e prerrogativas equivalentes ao exercício de funções sacerdotais.
O Espiritismo NÃO admite o uso de imagens, seja de santos, seja de quaisquer divindades, como não permite o emprego de qualquer sacrifício em razão de crença.	A Umbanda TEM imagens e altares, como ainda usa sacrifício de animais nos casos em que as suas crenças permitem tal prática.
O Espiritismo NÃO tem sinais cabalísticos nem símbolos.	A Umbanda TEM sinais, "pontos riscados" etc.
O Espiritismo tem a SUA nomenclatura,segundo a codificação da Doutrina, em cujo vocabulário não se encontram as designações usuais no culto umbandista, quer em relação aos médiuns, quer em relação aos Espíritos.	A Umbanda tem uma nomenclatura muito DIFERENTE, porque chama os médiuns de "cavalos", emprega termos de procedências várias, como mironga, marafo, ogum etc.
Além de todos esses aspectos, evidentemente diferenciais, o Espiritismo rege-se por um corpo de doutrina homogênea, codificada por Allan Kardec.	A Umbanda NÃO se rege pela doutrina codificada por Allan Kardec.

Consequentemente, tanto na teoria como na prática, a Umbanda e o Espiritismo estão situados em campos distintos.

A distinção entre a Umbanda e o Espiritismo, aliás muito clara, não impede, todavia, que haja respeito mútuo, espírito de compreen-

são e tolerância, sem ser necessário chegar-se ao extremo de forçar a fusão de crenças e práticas divergentes.

Deve-se deixar suficientemente esclarecido que o culto de Umbanda, apesar de ter características mediúnicas bem acentuadas, ***não constitui variante nem modalidade do Espiritismo.****"*

———— ■ ————

Da mesma forma que a mediunidade está presente no Espiritismo, o mediunismo desempenha seu papel na Umbanda e em outras religiões afro-indígenas. Um papel apropriado ao momento e às necessidades de cada um. Saber o que vem pela frente e buscar conforto na vida sentimental e econômica fascinam muitos. Pela "lei do menor esforço", se tenta chegar de forma fácil a conquistas, principalmente de ordem material. Alguns recorrem ao socorro dos chamados "trabalhos" e "feitiços" para isso.

Todo o ritual que envolve fórmulas de ação, despachos, uso de amuletos, reflete, em última instância, a atuação do pensamento. Da mesma forma, os objetos utilizados nas defesas contra feitiços, como colares (guias), patuás e talismãs. O nosso pensamento se liga a esses objetos buscando mais segurança. Basta pensar, com toda a intensidade, que os fatos da vida são os que Deus permite para o nosso próprio bem, para que a infelicidade não invada a nossa existência. Por trás, o pensamento, mais uma vez. A "proteção" definitiva dispensa qualquer objeto. Vem com o progresso interior, a renovação de atitudes e sentimentos na formação de um ser mais fraterno, completo e feliz. A esse processo chamamos Reforma Íntima.

6.1 Bibliografia

O que é o Espiritismo, Allan Kardec.

O Principiante Espírita, Allan Kardec.

O Espiritismo e as Doutrinas Espiritualistas, Deolindo Amorim, Livraria Ghignone Editora.

Na Semeadura I, Edgard Armond, Editora Aliança.

Cristianismo e Espiritismo, Léon Denis, FEB.

Caminhos de Libertação, Valentim Lorenzetti, Editora Aliança.

Capítulo 7

Esboço de O Livro dos Espíritos

7.1 Os Quatro Livros

O Livro dos Espíritos surgiu em 18 de abril de 1857, representando um marco de luz que anunciava o advento de uma nova era, **a era do Espírito**.

Nele se cumpre a promessa do Consolador, anunciado por Jesus.

Desde então a humanidade dispõe de um espiritualismo científico, baseado nas leis da natureza, à luz da lógica, que tem, em seu âmago, notável poder de renovação do ser humano.

Como esclarece o professor J. Herculano Pires, quando o mundo se preparava para sair do caos das civilizações primitivas, apareceu Moisés, e de suas mãos surgiu a **Primeira Revelação**. Mais tarde, quando essa revelação já integrava a tradição de um povo, e esse povo já se dispersava por outras nações, espalhando a nova lei, apareceu Jesus, e, de suas palavras e exemplos surgiu o Evangelho, a **Segunda Revelação**.

Assim como no Antigo Testamento já se anunciava o Evangelho, também neste aparecia a predição de um novo código, que surgiu pelo trabalho de Allan Kardec, sob orientação do Espírito da Verdade, no momento em que o mundo entrava numa nova fase de desenvolvimento.

A mensagem amorosa do Cristo ilumina as demais revelações, ajudando a compreender Moisés e fornecendo as bases para a mensagem codificada por Kardec.

——— ■ ———

O Livro dos Espíritos se divide em quatro livros.

Livro Primeiro — que se refere a Deus, à criação e aos elementos gerais do Universo.

Livro Segundo — que versa sobre os Espíritos, as reencarnações, a vida espírita, a emancipação da alma e assuntos correlatos.

Livro Terceiro — que aborda as leis morais.

Livro Quarto — que focaliza o tema esperanças e consolações.

Ao analisar a codificação espírita, composta pelos seguintes livros — o pentateuco kardequiano:

O Livro dos Espíritos (1857)

O Livro dos Médiuns (1861)

O Evangelho segundo o Espiritismo (1864)

O Céu e o Inferno (1865)

A Gênese (1868)

Concluímos que *O Livro dos Espíritos* é a espinha dorsal do Espiritismo. Nele se encerra toda a Doutrina. Nos demais estão aclaramentos, elucidações, lições complementares que facilitam a compreensão.

Há uma análise muito interessante feita pelo professor Herculano Pires, demonstrando que todos os livros da codificação podem ser identificados em *O Livro dos Espíritos.*

"Assim como, na Bíblia, há o núcleo central do Pentateuco, e no Evangelho, o do ensino moral do Cristo, no O Livro dos Espíritos *podemos encontrar uma parte que se refere a ele mesmo, ao seu próprio conteúdo: é o constante dos Livros I e II, até o capítulo quinto. Esse núcleo representa, dentro da esquematização geral da codificação, que encontramos no livro, a parte que a ele corresponde. Quanto aos demais, verificamos o seguinte:*

1º) O Livro dos Médiuns, *sequência natural deste livro, que trata especialmente da parte experimental da doutrina, tem a sua fonte no Livro II, a partir do capítulo sexto até o final. Toda a matéria contida nessa parte é reorganizada e ampliada naquele livro, principalmente a referente ao capítulo nono: 'Intervenção dos Espíritos no mundo corpóreo'.*

2º) O Evangelho segundo o Espiritismo *é uma decorrência natural do Livro III, em que são estudadas as leis morais, tratando-se especialmente da aplicação dos princípios da moral evangélica, bem como dos problemas religiosos da adoração, da prece e da prática da caridade. Nessa parte o leitor encontrará, inclusive, as primeiras formas de 'Instruções dos Espíritos', comuns àquele livro, com a transcrição de comunicações por extenso e assinadas, sobre questões evangélicas.*

3º) O Céu e o Inferno *decorre do Livro IV, 'Esperanças e Consolações', em que são estudados os problemas referentes às penas e aos gozos terrenos e futuros, inclusive com a discussão do dogma das penas eternas e a análise de outros dogmas, como o da ressurreição da carne, e os do paraíso, inferno e purgatório.*

4º) A Gênese, os Milagres e as Predições *relaciona-se aos capítulos II, III e IV do Livro I, e capítulos IX, X e XI do Livro II, assim como as partes dos capítulos do Livro III que tratam dos problemas genésicos e da evolução física da Terra. Por seu sentido amplo, que abrange ao mesmo tempo as questões da formação e do desenvolvimento do globo terreno, e as referentes a passagens evangélicas e escriturísticas, esse livro da Codificação se ramifica de maneira mais difusa que os outros, na estrutura da obra-máter.*

5º) Os pequenos livros introdutórios ao estudo da doutrina, O Principiante Espírita *e* O que é o Espiritismo*, que não se incluem propriamente na Codificação, também eles estão diretamente relacionados com* O Livro dos Espíritos*, decorrendo da 'Introdução' e dos 'Prolegômenos'.*

A codificação se apresenta, pois, como um todo homogêneo e consequente. À luz desse estudo, caem por terra as tentativas de separar um ou outro livro do bloco na Codificação, como possível expressão de uma forma diferente de pensamento."

Sendo, portanto, *O Livro dos Espíritos* obra básica, deve ser lido, estudado, meditado e relido constantemente. Deve estar sempre sob nossa vista, como fonte de consulta permanente.

O Livro dos Espíritos não se enquadra em qualquer dos sistemas, entre os inúmeros existentes (filosófico, teológico, científico etc.) no campo do conhecimento humano, pois, caso contrário, estaria subjugado às exigências e limitações dos mesmos. Mesmo sem essa classificação, estuda assuntos filosóficos em amplitude e profundidade.

O Livro dos Espíritos, em seu aspecto didático, supera todas as dificuldades, ao ensinar através de perguntas e respostas. Destaca-se, para isso, a habilidade do pedagogo Rivail. O livro é apresentado de tal forma que a assimilação, embora em variados graus de profundidade, está ao alcance de todos.

Uns assimilam mais, outros menos, e, por aproximações sucessivas em leituras, meditações e vivência dos ensinamentos, é possível se aprofundar cada vez que se relê o livro.

O Livro dos Espíritos elege o diálogo que, sem dúvida, é a forma mais válida para chegar a conclusões verdadeiras. As teses são apresentadas dando origem às antíteses, e, do confronto de ambas, surge harmoniosa síntese.

O Livro dos Espíritos concentra-se em sua finalidade redentora, enfatizando em seus ensinamentos a necessidade de renovação moral. Por isso, foge ao academismo, para, em linguagem simples, levar a todos a **grande mensagem**.

7.2 As Duas Edições de O Livro dos Espíritos

É interessante notar que *O Livro dos Espíritos* foi editado em 18 de abril de 1857, tendo havido, entretanto, uma segunda edição que data de 18 de março de 1860, que se tornou a versão definitiva.

Curiosamente podemos observar que as duas edições são distintas, o que pode ser explicado de acordo com as palavras do próprio Kardec:

"Na primeira edição deste trabalho, anunciamos uma parte suplementar. Ela devia se compor de todas as questões que não couberam nele, ou que circunstâncias ulteriores e novos estudos fizessem nascer. Como, porém, são todas relativas a uma qualquer das partes tratadas, das quais são desdobramento, sua publicação isolada não apresentaria nenhuma sequência. Preferimos esperar a reimpressão do livro para fundir tudo juntamente, e aproveitamos o ensejo para introduzir na distribuição das matérias outra ordem muito mais metódica, ao mesmo tempo que decepamos tudo quanto importava em lição dúplice. Esta reimpressão pode, pois, ser considerada como trabalho novo, embora os princípios não hajam sofrido nenhuma alteração, salvo pequeníssimo número de exceções, que são antes complementos e esclarecimentos que verdadeiras modificações".

A missão de Kardec era delicada. Era imperioso que a Doutrina dos Espíritos, como derradeira esperança, fosse implantada. A primeira edição serviu como um teste para aferir a aceitação dos ensinamentos espíritas, por parte do público, na forma em que eram apresentados.

O codificador, homem dotado de larga visão, percebendo os pontos em relação aos quais a humanidade não reunia condições para assimilá-los, sentiu a necessidade de reformular a forma de apresentá-los, sem, contudo, alterar a essência doutrinária.

As principais diferenças entre as duas edições são:

a) a primeira edição contém 501 perguntas, a segunda apresenta 1.019;

b) na primeira edição encontramos os dizeres **"Escrito e publicado conforme ditado e à ordem de Espíritos Superiores"**; na segunda: **"Os princípios da Doutrina Espírita segundo o ensinamento dado pelos Espíritos Superiores por intermédio de diversos médiuns, recolhido e posto em ordem por Allan Kardec... Segunda edição, inteiramente refundida e consideravelmente aumentada".**

As distinções apontadas se prestam a esclarecer que *O Livro dos Espíritos* é apenas um. O que ocorreu na segunda edição foi um melhoramento.

7.3 Bibliografia

O Livro dos Espíritos, Allan Kardec.

O Primeiro Livro dos Espíritos, Allan Kardec (texto bilíngue editado e traduzido pelo doutor Canuto Abreu), Companhia Editora Ismael.

Obras Póstumas, Allan Kardec.

O Livro dos Espíritos, Introdução de J. Herculano Pires, LAKE.

Allan Kardec, Zêus Wantuil e Francisco Thiesen, FEB.

Capítulo 8

Esboço do livro O Céu e o Inferno

8.1 Esboço do Livro O Céu e o Inferno

Em 1º de agosto de 1865, o codificador Allan Kardec lançou *O Céu e o Inferno* ou *A Justiça Divina segundo o Espiritismo.* É um relato impressionante de Espíritos que contam, de forma eloquente, as experiências pelas quais passaram após a morte do corpo físico, em consequência de ações praticadas quando encarnados. São testemunhos pessoais e não invenções forjadas por algumas inteligências privilegiadas a serviço de dogmas ultrapassados e rejeitados pela evolução do pensamento.

Nesse livro se entende com clareza o ensinamento de Jesus de que é livre a semeadura, porém obrigatória a colheita. No Plano Espiritual, quando desencarnado, cada um colhe exatamente aquilo que semeou na Terra. Se cultivou amor, amor será colhido; se discórdia, também haverá discórdia na colheita. O livro mostra que não há um céu beatífico, dado de presente apenas para que se cumpram rituais exteriores. A felicidade dos Espíritos é sempre proporcional à felicidade que proporcionaram aos outros na Terra.

Também não há um inferno em que são condenadas as almas daqueles que erraram, às vezes até inconscientemente. Mostra a Justiça Divina em toda sua plenitude com o componente maravilhoso da Misericórdia. Todo erro precisa ser reparado. Por isso traz, muitas vezes, a dor e o sofrimento como consequência. Após a reparação, se está livre para continuar a caminhada.

O Céu e o Inferno mostra também as consequências dos atos trágicos, como o suicídio e o homicídio, por exemplo. Apresenta o sofrimento desses infelizes no plano espiritual: o suicida e o assassino. Nenhum dos dois tem direito a cometer tal ato: tirar a própria vida ou a vida de um semelhante. A vida é dada pelo Pai e a Ele deve retornar quando Ele achar conveniente.

Kardec inicia o texto de *O Céu e o Inferno* comentando sobre o que as pessoas esperam encontrar após o desencarne. Conclui que a maioria das pessoas acredita na vida após a morte. Mas se indagam sobre como será a vida que espera na espiritualidade.

A seguir comenta os diversos conceitos das pessoas a respeito do céu. Discorre ainda sobre o inferno, informando que o Catolicismo imita o paganismo, mas com nuanças mais graves e temíveis. Expõe, também, sobre o surgimento do purgatório. Arremata que o céu e o inferno não são lugares específicos no espaço, destinados ao descanso ou ao sofrimento eterno.

Kardec dedica todo um capítulo sobre a doutrina das penas eternas: origens, argumentos a favor, impossibilidade material das penas eternas, concluindo que a doutrina das penas eternas já fez sua época.

Em outro capítulo aborda as penas futuras segundo o Espiritismo, escrevendo sobre a fragilidade da carne e os princípios da Doutrina Espírita sobre as penas futuras.

Sobre os anjos, expõe os conceitos da Igreja, refuta-os e esclarece o que diz o Espiritismo (que os mesmos são Espíritos desencarnados, protetores, de uma hierarquia mais elevada). No capítulo seguinte expõe sobre os demônios: origem da crença, os demônios segundo a Igreja e segundo o Espiritismo.

Comenta, ainda, sobre a intervenção dos demônios nas modernas manifestações e conclui a primeira parte do livro abordando a proibição de evocar os mortos que consta da Bíblia.

———— ■ ————

Na segunda parte Kardec relata o passamento e a situação em que os Espíritos das mais variadas condições se encontram.

Transcorrido pouco mais de meio século após o texto de Kardec, Ernesto Bozzano pesquisou centenas de desencarnes, selecionou 17 e os relatou no ensaio *A Crise da Morte*, demonstrando haver diversos pontos em comum nos passamentos analisados:

- *todos afirmam se terem encontrado novamente com a forma humana;*
- *terem ignorado, durante algum tempo, que estavam mortos;*
- *haverem passado, no curso da crise pré-agônica, ou pouco*

depois, pela prova de reminiscência sintética de todos os acontecimentos da existência que se lhes acabava ("visão panorâmica" ou "epílogo da morte");

- *terem sido acolhidos no mundo espiritual pelos Espíritos das pessoas de suas famílias e de seus amigos mortos;*
- *haverem passado, quase todos, por uma fase mais ou menos longa de "sono reparador";*
- *terem reconhecido que o meio espiritual era um novo mundo objetivo, substancial, real, análogo ao meio terrestre;*
- *haverem aprendido que isso era devido ao fato de que o pensamento constitui uma força criadora no mundo espiritual;*
- *não terem tardado a saber que a transmissão do pensamento é a forma da linguagem espiritual, se bem que certos Espíritos recém-chegados se iludam e julguem conversar por meio da palavra;*
- *terem verificado que, por causa da faculdade da visão espiritual, se achavam em estado de perceber os objetos de um lado e do outro, pelo seu interior e através deles;*
- *haverem comprovado que os Espíritos podem se transferir temporariamente de um lugar para outro, ainda que muito distante, por efeito de um ato de vontade;*
- *terem aprendido que os Espíritos dos mortos gravitam para a esfera espiritual condizente com seu adiantamento moral.*

Kardec dedicou sete capítulos de *O Céu e o Inferno* para relatar como estão os Espíritos após o desencarne.

Condição espiritual	**Relatos**
Espíritos felizes	18
Em condições medianas	6
Espíritos sofredores	10
Espíritos suicidas	9
Criminosos arrependidos	5
Espíritos endurecidos	5
Expiações terrestres	14

O desencarne assemelha-se muito a uma viagem internacional, no plano material. Se a intenção é ir para um país em que se julga haver o belo e o agradável, é preciso ser previdente. Prossigamos nessa analogia: procurar saber sobre os hábitos e costumes dos habitantes do local (equivale a desenvolver conhecimentos), procurar amealhar recursos financeiros para viver no país visitado (equivale a realizar boas obras) e estar em sintonia com o país visitado (equivale ao aperfeiçoamento moral).

Se não houve preocupação com o futuro, se não houve grandes méritos ou compromissos, vai-se para um país de condições medianas.

O comum para muitos viajantes é se ver na situação do passageiro que não está preparado para a viagem. Fica em um lugar em que tem dificuldades para se situar, fala com as pessoas e estas parecem não entendê-lo. Ele já não está em seu país de origem e não se situa no país de destino. Esta situação é que se designa, no meio espírita, como "estar no umbral". Essa palavra significa ombreira ou batente de uma porta. A pessoa fica na passagem, com um pé no país de origem (plano material) e outro no país de destino (plano espiritual), sem desfrutar do benefício de estar em um deles.

Nos casos em que os "viajantes" ficam no umbral ou em locais de sofrimento, após um certo período, se arrependem de seus atos ou da negligência em se preparar para a vida futura e se lembram da existência de um Pai de infinita bondade, para pedir auxílio a fim de sair dessa situação. Equipes especializadas em resgates conduzem o viajante para tratamento e recuperação de suas energias. Depois são conduzidos para colônias, em que continuarão o aprendizado como oportunidade do trabalho redentor. Em *Nosso Lar*, André Luiz relata essa situação. O livro desse Espírito revela que a vida no plano material, de certa forma, imita a verdadeira vida, que é a espiritual.

——— ■ ———

Atualmente numerosos livros mediúnicos, de autores espirituais complementam *O Céu e o Inferno* — todos eles apresentando relatos de Espíritos desencarnados contando seus dramas e conquistas. Entre esses livros, se destaca, talvez como a mais importante, praticamente toda a série do Espírito André Luiz, a partir do livro *Nosso Lar*, psicografado por Francisco Cândido Xavier.

Uma lição interessante, que elucida bastante a incoerência de céu e inferno, criada pela ortodoxia católica, está neste poema de Godoy Paiva:

JUÍZO FINAL

Sentado o Padre Eterno, em trono refulgente,
Olhar severo envia a toda aquela gente!

Enquanto uns anjos cantam, outros vão levando,
Ante a figura austera desse venerando
As almas que da tumba emigram assustadas
Vendo o tribunal solene, majestoso,
Em que vão ser julgadas.
Dois grupos são formados:
Um de cada lado!
O da direita, céu; o da esquerda, Averno.
E Satanás a um canto, o chifre fumegante,
Espera impaciente, impávido, arrogante,
A "turma" para o Inferno.

Aconchegando o filho, a alma bem amada,
E que na Terra fora algo desassisada,
Uma mulher se chega e a sua prece faz,
Rogando ao Padre Eterno poupe do Inferno
O pobre do rapaz.

Cofia o Padre Eterno a longa barba branca,
E o óculo ajustando à ponta do nariz,
O olhar dirige então à pobre desgraçada,
E compassado diz:

"Os anjos vão levar-te agora ao Paraíso
E dar-te a recompensa: o teu descanso eterno!
Ali desfrutarás felicidades mil,
Porém teu filho mau irá para o Inferno!"

Um anjo toma o moço e o leva a Satanás;
Porém a pobre mãe ao ver partir o filho,
Aflita, corre atrás!

E ao incorporar-se às hostes infernais,
Eis grita o Padre Eterno em tom assustador:
"Mulher! Para onde vais!!!"
E o que passou-se então
Ninguém esquece mais!

"Eu vou para o Inferno, ao lado do meu filho,
A repartir comigo a sua desventura!
As lágrimas de mãe, as gotas do meu pranto
Acalmarão no Averno a sua queimadura!

Eu deixo para ti esse teu Paraíso,
Essa mansão celeste onde o amor é surdo!
Onde se goza a vida a contemplar tormento,
Onde a palavra Amor represa um absurdo!

Entrega esse teu céu às mães malvadas, vis,
Que os filhos já mataram para os não criar,
Pois só essas megeras poderão, no céu,
Ouvir gritar seus filhos, sem se consternar!

Desprezo esse teu céu! O meu amor é grande!
Imenso! Assaz sublime! E posso te afirmar
Que se não te comove o pranto lá do Inferno,
E os que no Averno estão são todos filhos teus,
O meu amor excede
Ao próprio amor de Deus!"

E ante o estupefato olhar do Padre Eterno,
A mãe beijou o filho... E foi para o Inferno!

8.2 Bibliografia

O Céu e o Inferno, Allan Kardec.

Nosso Lar, André Luiz / Francisco Cândido Xavier, FEB.

A Crise da Morte, Ernesto Bozzano, FEB.

Quando o Evangelho diz não!, Benedicto Godoy Paiva, LAKE.

Capítulo 9

Esboço de O Livro dos Médiuns

9.1 Esclarecimentos Gerais

Pela ordem de publicação, a primeira obra editada pelo codificador Allan Kardec depois de *O Livro dos Espíritos* foi *O Livro dos Médiuns*, em 1861. Nesse livro se encontra a parte prática do Espiritismo: a mediunidade, exposta claramente, de acordo com um método, tratada cientificamente.

Assim como a inteligência, a mediunidade é uma faculdade do ser humano. O Espiritismo não inventou a comunicação com "os mortos". Apenas a estudou com seriedade, propondo, através de *O Livro dos Médiuns*, um método para colocá-la em prática a serviço do bem coletivo. Esse livro foi publicado visando esclarecer inúmeros pontos que se encontravam na mais profunda ignorância.

É um livro expositivo, em que os pontos essenciais são priorizados. Como todos os outros escritos por Allan Kardec, *O Livro dos Médiuns* abriu a mente do ser humano para a mediunidade, propiciando o estabelecimento de novos estudos sobre tão importante campo da Doutrina Espírita.

9.2 Primeira Parte: Noções Preliminares

Nos capítulos que compõem a primeira parte do livro, Kardec aborda com muita coragem as objeções que o academismo da época opunha à mediunidade como faculdade natural do ser humano. Explica que o Espiritismo nada tem de sobrenatural e analisa com clareza as comunicações mediúnicas.

Allan Kardec inicia essa parte com a sugestiva pergunta: "Existem Espíritos?" Discorre com lógica sobre a existência incontestável da espiritualidade, comprovada por experimentações práticas. Refuta o ataque dos inimigos da Doutrina, que queriam ridicularizá-la sem ter se submetido à rigorosa disciplina da observação, da experimentação e da análise para, finalmente, apresentar conclusões.

É colocada em xeque a crença de que os fenômenos espíritas sejam sobrenaturais, compreendendo por sobrenatural qualquer fenômeno não explicado pela lógica humana, como acreditavam alguns, pela intervenção divina no mundo material. Nesse ponto Kardec esclarece que nada existe de sobrenatural. Os fenômenos não explicados são condições da lei da natureza não estudadas devidamente.

O codificador informa ainda que muitos são materialistas e incrédulos pelos mais diversos motivos: por ignorância, por má vontade, por escrúpulos religiosos e até mesmo por má fé, cabendo à Doutrina Espírita esclarecer ao ser humano que o materialismo o distancia cada vez mais de Deus.

São também abordadas as explicações aos fenômenos espíritas dadas fora da codificação. A essas explicações Allan Kardec denominou "Sistemas". Em contraposição a eles, Allan Kardec apresentou o resultado de suas experimentações, objeto de *O Livro dos Médiuns*.

Kardec dedica também uma reflexão em torno das três classes de espíritas: os *espíritas experimentadores*, interessados apenas no fenômeno e que não retiravam deles qualquer aprendizado para a sua reforma moral; os *espíritas imperfeitos*, aqueles que compreendem a profundidade moral dos ensinamentos espirituais, mas não os praticam; e os *verdadeiros espíritas*, interessados na essência moral do Espiritismo e em aplicar os ensinamentos em suas próprias vidas.

9.3 Segunda Parte: Das Manifestações Espíritas

Allan Kardec esclarece a ação dos Espíritos sobre a matéria, as manifestações físicas e inteligentes e o fenômeno das "mesas girantes", já estudado nos primeiros capítulos deste livro.

Aborda os tipos de mediunidade, as características dos médiuns, a forma das comunicações espirituais e a identidade dos Espíritos nas comunicações. Analisa também a delicada questão das **mistificações** e do **charlatanismo**.

Nada mais ofensivo ao próprio ser humano, e consequentemente à Doutrina Espírita, que a lamentável prática da mediunidade com fins maldosos ou com interesses lucrativos.

O Evangelho ensina que se deve dar de graça o que de graça se recebe. Esse ensinamento é perfeitamente aplicável aos médiuns, que jamais deverão utilizar a mediunidade como forma de obter vantagens materiais. Caso contrário, além de prejudicar sua aplicação, estarão sendo alvo de entidades espirituais ignorantes, muitas delas interessadas em desviar os médiuns do caminho do bem e da caridade.

Jesus ensinou que se deve dar a César o que é de César, e a Deus o que é de Deus. Em se tratando de prática da mediunidade, os médiuns devem aprender a discernir e não utilizá-la para outros fins que não sejam aqueles relacionados exclusivamente ao Bem.

Allan Kardec aborda a forma de comunicação utilizada pelo plano espiritual para transmitir as mensagens: a *Sematologia* e a *Tiptologia*, ou a linguagem dos sinais e das batidas; a *Pneumatofonia*, ou Voz Direta, que consiste na produção da voz dos mentores espirituais diretamente no ambiente, sem auxílio dos médiuns; e a *Psicografia*, que corresponde ao uso do médium para escrever mensagens espirituais.

Kardec apresenta também um quadro sinótico dos diversos tipos de médiuns por ele estudados e observados. Um tipo em particular chama a atenção. São os *Médiuns Falantes*, aqueles por quem os mentores espirituais se comunicam pela fala. Atualmente esse tipo de mediunidade é conhecido pelo título de *Psicofonia.*

A identidade dos Espíritos é outro aspecto que merece ser refletido. Muitos médiuns, ao receber uma mensagem espiritual, se preocupam em saber o nome do Espírito comunicante. É possível que até esperem um nome muito conhecido e respeitado. Kardec esclarece em *O Livro dos Médiuns* que as provas possíveis de identidade devem ser analisadas com rigor, pois é preciso distinguir os bons dos maus Espíritos.

Ora, se existem bons e maus Espíritos, existem bons e maus médiuns. A condição moral do médium é de fundamental importância na qualidade das mensagens espirituais que poderão ser transmitidas por ele. "O fruto se conhece pela árvore", ensinou Jesus. O que equivale dizer que a Reforma Íntima deve ser a preocupação máxima do médium, em toda a sua vida.

9.4 O Importante Trabalho dos Centros Espíritas

Ao final da segunda parte, Kardec deixou importantes orientações sobre a atividade dos Grupos Espíritas, expondo inclusive o regulamento da Sociedade Parisiense de Estudos Espíritas, fundada pelo próprio codificador.

Em seguida apresenta diversas comunicações de Espíritos que colaboraram na codificação: o Espírito da Verdade, Santo Agostinho, São Luiz, Erasto, Fénélon são algumas das personalidades desencarnadas que deixaram orientações imprescindíveis sobre o desenvolvimento da Doutrina Espírita e sobre o trabalho dos médiuns.

É numa dessas mensagens que o Espírito Joana D'Arc utiliza o termo **Mediunato** para designar a missão mediúnica, a responsabilidade dos médiuns em executar essa tarefa com honestidade, seriedade e moralidade.

Kardec avalia, ainda dentro do capítulo destinado às dissertações espíritas, algumas comunicações consideradas não autênticas, mesmo que tenham sido assinadas com nomes conhecidos e respeitáveis. São denominadas **comunicações apócrifas**. Allan Kardec as analisa com rigor e ponderação, deixando claro que os médiuns devem se esforçar por não se iludir com nomes que algumas entidades espirituais colocam nas mensagens, mas sim se ater ao seu conteúdo.

Assim sendo, os Centros Espíritas também são responsáveis pela correta formação dos médiuns, através da adoção de programas de orientação mediúnica pautada por *O Livro dos Médiuns* e complementados por obras de comprovado valor, de autoria de colaboradores espíritas encarnados e desencarnados.

O trabalho sério e bem orientado de formação mediúnica conduz os Centros Espíritas e os seus colaboradores a resultados que fornecem conhecimento e iluminação. Por bem conduzir o seu trabalho foi que o codificador da Doutrina Espírita recebeu a seguinte mensagem do Espírito da Verdade:

"Venho, como antigamente entre os filhos transviados de Israel, trazer a verdade e dissipar as trevas. Escutai-me. O Espiritismo, como antigamente minha palavra, deve lembrar aos incrédulos que acima deles reina a verdade imutável: o Deus bom, o Deus grande,

que faz germinar a planta e eleva as ondas. Revelei a Doutrina divina e, como um ceifeiro, reuni em feixes o bem esparso na Humanidade e disse: Vinde a mim, todos vós que sofreis!

Mas os homens ingratos desviaram-se do caminho reto e largo que conduz ao reino de meu Pai, e estão perdidos nos ásperos e estreitos caminhos da impiedade. Meu Pai não quer aniquilar a raça humana; quer que, ajudando-vos uns aos outros, mortos e vivos, isto é, mortos segundo a carne, porque a morte não existe, vos socorrais e que, não mais a voz dos profetas e dos apóstolos, mas a voz daqueles que não estão mais na Terra se faça ouvir para vos proclamar: Orai e crede! Porque a morte é a ressurreição, e a vida é a prova escolhida durante a qual vossas virtudes cultivadas devem crescer e se desenvolver como o cedro.

Homens fracos, que compreendeis as trevas de vossas inteligências, não afasteis o facho que a clemência divina coloca entre vossas mãos para iluminar vosso caminho e vos conduzir, filhos perdidos, ao regaço de vosso Pai.

Estou muito tocado de compaixão pelas vossas misérias, pela vossa imensa fraqueza, para não estender mão segura aos infelizes transviados que, vendo o céu, tombam no abismo do erro. Crede, amai, meditai as coisas que vos são reveladas; não mistureis o joio ao bom grão, as utopias às verdades.

Espíritas! Amai-vos, eis o primeiro ensinamento; instruí-vos, eis o segundo. Todas as verdades se encontram no Cristianismo; os erros que nele se enraizaram são de origem humana, e eis que, além do túmulo, que acreditáveis o nada, vozes vos clamam: Irmãos! Nada perece; Jesus Cristo é o vencedor do mal; sede os vencedores da impiedade." (*O Evangelho segundo o Espiritismo*, Allan Kardec, Cap. VI, item 5).

9.5 Bibliografia

O Livro dos Médiuns, Allan Kardec.

Iniciação Espírita, Autores diversos, Editora Aliança.

Mediunidade, Edgard Armond, Editora Aliança.

Capítulo 10

Descrição do mundo material e do mundo espiritual. O intercâmbio através da mediunidade.

10.1 Descrição do Mundo Material e do Mundo Espiritual

A princípio este assunto parece muito complexo, principalmente para quem se está iniciando nos conhecimentos da Doutrina Espírita. Portanto, neste capítulo procuraremos nos expressar de modo bastante simples, pois, mais tarde, na Escola de Aprendizes do Evangelho, o assunto será tratado com mais profundidade, em diversas aulas.

Para ajudar na compreensão da matéria deste capítulo, gostaríamos que o leitor começasse a raciocinar que tudo faz parte da natureza, tanto o "nosso" mundo, isto é, o mundo físico e visível, quanto o mundo espiritual e invisível aos olhos do corpo físico. Nada há de sobrenatural. E, mais ainda: poderemos até dizer que o mundo material — o "nosso" mundo — é uma cópia bastante pálida do mundo espiritual. Isto quer dizer que a matriz do mundo material está no mundo espiritual. O mundo espiritual existe há mais tempo, é o mundo primitivo em termos cronológicos.

Na realidade, não existem diferenças marcantes, acentuadas, entre o mundo espiritual e o mundo material. Numa linguagem figurada, poderíamos até dizer que o mundo material é uma "coagulação", um adensamento, do mundo espiritual. De outra parte, o mundo espiritual é a quintessência, a sublimação, do mundo material.

O ser humano é um Espírito encarnado. O corpo físico — templo do Espírito encarnado — passa pelas fases normais da vida orgânica: infância, adolescência, juventude, maturidade e velhice. O corpo desgasta-se pelo tempo, pelos vícios, e pode, inclusive, ser destruído pelo próprio indivíduo pelas vias do suicídio. Tanto o suicídio quanto o cultivo de vícios, que encurtam a duração de vida do corpo físico, são transgressões às leis naturais, pelas quais terá de responder o Espírito quando desencarnar.

Assim, entramos num assunto que interessa a todos nós: a desencarnação, a passagem do Espírito para o Plano Espiritual.

Segundo velhas crenças, quando uma pessoa desencarna, ao chegar ao Plano Espiritual passa a ter uma série de virtudes, que jamais possuiu quando esteve "aqui entre nós". A Doutrina Espírita, porém, ensina que a morte do corpo físico — a desencarnação — não eleva ninguém à categoria de santo, dando-lhe poderes que não conquistou com trabalho e dedicação ao próximo quando encarnado. Ensina que quando desencarnamos continuamos os mesmos, do ponto de vista moral, já que do ponto de vista físico (ricos e pobres) todos nos igualamos no Plano Espiritual. O indivíduo maldoso continuará um Espírito maldoso; o bom será um bom Espírito.

Existe, entretanto, muita gente que, quando encarnada, consegue disfarçar sua verdadeira estatura espiritual. Muitas vezes apresenta-se como indivíduo bom às claras, porém perverso às escondidas. Quando um indivíduo desses retornar ao Plano Espiritual, apresentar-se-á sem nenhum disfarce e sofrerá todas as consequências do mal que cometeu e da falsidade que cultivou.

A alma, após a morte do corpo físico, conserva a individualidade, isto é, continuamos nos identificando. E essa individualidade sem o corpo físico é facilitada pelo perispírito, que é o "corpo espiritual", o envoltório fluídico do Espírito desencarnado.

Há um exemplo clássico para facilitar o entendimento sobre a individualidade do Espírito após a morte do corpo: tomemos uma tela de um pintor célebre. Coloquemos nessa tela uma moldura da época; alguns anos mais tarde troquemos a moldura. Perguntamos ao leitor: a troca de molduras modificou a tela? Não, claro, a tela continua a mesma. Assim ocorre conosco; corpo é moldura do Espírito. Temos muitas molduras pela eternidade afora, na busca natural da perfeição.

O Espírito evolui, pois a Evolução é uma lei natural. Logo, um maldoso, assim que desencarna, continua o mesmo indivíduo maldoso, porém, com o tempo, no Plano Espiritual lhe é proporcionada oportunidade de aprendizado para aprimoramento, podendo ele mudar suas disposições e inclinar-se para a prática do bem.

Tomemos, como exemplo, um Espírito que se encontre num estado bastante primitivo, um Espírito bastante inferior, consequentemente muito apegado à matéria, ligado ainda por laços firmes ao mundo material.

Esse Espírito desencarna. E, desencarnado, chega ao mundo espiritual sem saber que desencarnou. Na realidade, ele nem sabe o que está se passando com ele — pois continua vivo e com toda sua individualidade. Não percebe a transição do mundo material para o mundo espiritual.

Esse Espírito permanece muito próximo da superfície terrestre, naquela região a que chamamos Crosta. É uma região interdependente com a crosta física do planeta. Espíritos assim ficam ali apegados, presos, e sofrem muito — pois têm todas as sensações materiais e, contudo, já não possuem mais o corpo físico para satisfazer às necessidades produzidas por essas sensações. Às vezes, encontram-se com outros Espíritos dos quais foram inimigos na vida terrena; travam com eles violentas lutas, como verdadeiros animais disputando preciosas presas.

Esses indivíduos têm uma vida mesquinha e materializada, mesmo estando no Plano Espiritual. Ficam às tontas, vagando no espaço. Muitas vezes são conduzidos logo à reencarnação. E continuam nada sabendo do que se passou entre a desencarnação e a nova encarnação. Estão praticamente equiparados aos animais.

Tomemos, agora, outro exemplo. Um homem mais evoluído, que já se aproxima um pouco dos ensinamentos de Jesus. Embora em estágio bem mais avançado que aquele do exemplo anterior, está, contudo, muito longe da perfeição. Pratica alguns dos ensinamentos do Evangelho, todavia seu apego aos bens terrenos, aos gozos materiais, ainda é muito grande.

Esse indivíduo desencarna e vai passar por uma experiência muito interessante. Essa experiência lhe será dolorosa, representará uma fase muito dura no caminho de sua evolução. Embora sabendo-se desencarnado, ele se sente preso à matéria. Sente vontade de praticar os vícios que alimentou. Se era um fumante inveterado, um bebedor contumaz, vai sofrer muito com a falta do fumo e da bebida. Vai sentir falta do prazer material a que estava habituado.

Espíritos dessa categoria permanecem muitos anos naquela região chamada Umbral do Plano Espiritual, onde purgarão suas dependências para com o mundo físico. O Umbral, para esses indivíduos, é uma espécie de câmara de sofrimentos, provocados pela distância em que o Espírito se encontra da matéria e dos prazeres que lhe eram tão importantes quando encarnado. Da falta desses prazeres é que advém o sofrimento.

Se for um Espírito de certo equilíbrio, chegando a um tempo em que já se tenha despojado de suas vinculações mais grosseiras com a matéria, será recolhido a uma Colônia Espiritual. Se não, pode reencarnar na sequência.

Nessa Colônia, o Espírito terá acesso a assuntos que, até então, lhe eram inteiramente desconhecidos. Através de cursos ministrados por Espíritos mais evoluídos, aprenderá novas verdades, enriquecerá seu cabedal de conhecimentos, ampliará seus horizontes.

Os sofrimentos do Umbral e o aprendizado numa dessas Colônias estão muito bem relatados no livro *Nosso Lar*, de autoria do Espírito André Luiz, psicografado por Francisco Cândido Xavier.

André Luiz era um indivíduo bom quando encarnado. Um homem correto, bom pai, bom esposo, bom profissional. Mas adorava os prazeres da mesa. A gula era um de seus vícios. Depois de desencarnado, passou oito anos no Umbral. Nesse período foi obrigado, pelo sofrimento, a desvincular-se da mesa lauta. Depois desse estágio depurador, foi recolhido à Colônia Espiritual "Nosso Lar", onde começou um processo de reeducação e aprendizado.

No mundo espiritual aprendemos, assumimos novas disposições. Mas a prática, o testemunho, é aplicado no plano físico, isto é, quando estamos reencarnados. É no corpo físico, nesta abençoada morada que é o nosso corpo físico, que aplicamos aquilo que aprendemos no Plano Espiritual, demonstrando se fomos alunos aplicados ou se temos de repetir o aprendizado.

Segundo *O Livro dos Espíritos*, o Universo compõe-se de três elementos básicos: Deus, espírito e matéria.

Deus, criador de todas as coisas. O espírito é o princípio inteligente do Universo, criado por Deus e que tem como missão chegar um dia até o Criador. O princípio inteligente (espírito) com o seu corpo perispiritual, denominamos Espírito. E como poderá o Espírito cumprir essa missão? Através da matéria. A matéria é o instrumento de evolução do Espírito. É na matéria que demonstramos o nível de aprendizado espiritual que conquistamos.

Daí podermos concluir que a vida no mundo material não é a verdadeira vida para a qual fomos criados; é apenas um estágio evolutivo, onde nos preparamos para a meta final. Contudo, a vida material — de Espírito encarnado — deve ser vivida com naturalidade, dentro do ambiente de luta e trabalho que a caracteriza, nada justificando ao Espírito dela desertar por conta própria. Se assim o fizer, seu sofrimento será muitas vezes maior do que aquele que motivou sua deserção.

A partir de um certo grau de equilíbrio, para cada 60 a 70 anos de encarnado o Espírito fica de 200 a 300 desencarnado. E a tendência é dilatar o tempo em que permanece desencarnado, na medida em que vai evoluindo, até chegar àquele ponto em que a reencarnação seja totalmente dispensada. Nesse ponto, o indivíduo tem vida somente espiritual, podendo reencarnar voluntariamente para o cumprimento de grandes missões.

Portanto, a encarnação é apenas um "acidente" na vida do Espírito, uma passagem rápida e efêmera, através da qual ele chega à grandeza da vida espiritual plena. Nos parâmetros humanos é como se fizéssemos a uma pessoa a seguinte proposta: trabalhar por um minuto e por esse minuto receber um salário por toda a vida. Pois é esta a proposta que nos é colocada: uma vida espiritual para sempre em troca, apenas, de um minuto de trabalho. O minuto de nossas encarnações bem aproveitadas.

Por isso, precisamos entender que todo o trabalho que estamos fazendo agora, que todo sofrimento que nos atinge, são um benefício para a nossa vida espiritual. Tudo o que aqui fizermos, o que aqui passarmos, terá um reflexo profundo em nossa vida espiritual. E que há um roteiro seguro para a construção de nossa felicidade: a vivência do Evangelho de Jesus.

No Plano Espiritual, quando detentores de algum equilíbrio, somos levados a refletir sobre as atividades que desenvolvemos durante nossa última encarnação. Se praticamos o mal — e temos consciência desse mal; se roubamos, por exemplo e avaliamos o dano causado por esse roubo —, o remorso e o arrependimento começam a nos atormentar. Então nos preparamos para corrigir os erros cometidos, preparamo-nos para uma nova encarnação. E, nesta nova encarnação, voltamos espiritualmente preparados para reparar a falta cometida, pois só o arrependimento não é suficiente. Necessário se faz reparar o mal, reconstruir o que foi destruído, unir aquilo que desunimos.

Contudo, na maioria das vezes nós erramos e não temos a consciência exata das consequências daquilo que fizemos. Não temos uma ideia precisa do mal que causamos. Neste caso, de nada adiantaria, quando regressássemos ao Plano Espiritual, o nosso mentor nos dizer das falhas que cometemos, pois em nosso íntimo tudo fora feito dentro do "nosso" padrão de conduta.

Logo, para os inconscientes poderem compreender a extensão do mal praticado, é necessário que passem por experiência semelhante àquela que impuseram ao seu próximo. É lei de Ação e Reação. Nossa ação do passado voltando-se hoje, em nova encarnação, contra nós mesmos, ensinando-nos a não repeti-la contra nosso próximo.

Assim, numa nova encarnação, passando pelas mesmas vicissitudes que infligiu a seu semelhante, o agressor é levado a sentir, a sofrer, e assim entender o mal praticado em toda a sua extensão. Dessa compreensão nasce o remorso, do remorso nasce o arrependimento, o primeiro passo, bastante positivo, para pagar a dívida contraída com o outro.

Gravemos bem: remorso e arrependimento não pagam dívidas. Só pagamos nossas dívidas quando reconstruímos aquilo que destruímos.

Analisando com maior profundidade esse assunto, percebemos que há duas situações diferentes; do indivíduo consciente do mal praticado, e daquele que não tem consciência desse mal.

Talvez essas duas situações possam ser melhor esclarecidas através do seguinte exemplo: um indivíduo trabalha numa firma e, num momento de fraqueza, comete um desfalque. Consciente de seu erro, nem chega a usar o dinheiro. Confessa o desfalque ao patrão, reconhece o quanto estava errado, e devolve-lhe o dinheiro. O patrão compreende o seu gesto, recebe o dinheiro de volta e procura orientá-lo para que isso não se repita. O devedor pagou a sua dívida.

Agora a outra situação.

O desfalque foi cometido e o indivíduo não se conscientizou do erro, gastou o dinheiro. Tempos depois, esse indivíduo é roubado. Aí ele sente o quanto é duro ser roubado. Lembra-se, então, do roubo cometido, do mal que fez ao patrão. Reflete sobre o caso e, da reflexão, surge o arrependimento. Ele fez, sofreu, arrependeu-se. E a dívida? Foi paga? Não. A dívida só será paga quando ele devolver integralmente, ao patrão, a quantia roubada, isto é, quando ele reconstruir aquilo que destruiu.

É bom que isso fique bem claro. Pois muita gente acha que o arrependimento puro e simples é suficiente para pagar nossas dívidas. Nem o arrependimento nem o sofrimento nos livram de nossas dívidas; impelem-nos ao ressarcimento, mas o pagamento mesmo só o fazemos através das reencarnações, construindo aquilo que destruímos.

A reencarnação em que o Espírito volta para pagar uma dívida chama-se encarnação expiatória. Difere daquela encarnação em que o Espírito vem, por escolha de seus mentores, para desempenhar uma tarefa específica; neste caso trata-se de uma encarnação de prova.

Muitas vezes, nessas encarnações de prova, Espíritos sem débitos são submetidos a sofrimentos atrozes, e suas reações são observadas atentamente pelo Plano Espiritual Superior, para que se verifique se estão ou não em condições de receber uma promoção ou as responsabilidades de uma tarefa mais elevada. Assemelha-se a uma escola como as que conhecemos por aqui, onde os alunos periodicamente são obrigados a fazer provas de avaliação.

As provas nos são impostas para que, sobrepujando-as, possamos demonstrar que estamos aptos para receber novas tarefas. Quando o Plano Espiritual deseja dar novas atribuições a um indivíduo, é lógico que antes o submeta a uma prova. Então acontece o que vemos com frequência: está a pessoa muito bem e, de repente, começam a aparecer-lhe inúmeros problemas. A pessoa luta, sofre, trabalha, enfrenta tudo e não se entrega. O Plano Espiritual vê que se trata de um lutador, de um indivíduo de fibra, e resolve entregar-lhe a nova missão.

Por trás de todas essas provas, em maior ou menor escala, está sempre presente a dor. Então, a dor é uma bênção, pois através dela podemos mostrar o nosso preparo. Através dela nos conscientizamos de nossos erros e, por meio dessa conscientização, nos aproximamos mais do Criador.

Apenas para fixar melhor aquilo que já foi dito até aqui nesta aula: estamos nos encaminhando para uma vivência espiritual pura, sem a necessidade de reencarnações. Os Espíritos que habitam planetas mais evoluídos que o nosso têm suas experiências carnais em corpos menos densos que os nossos, e assim vão evoluindo até que sejam dispensados de reencarnar. Chegarão a um estágio em que sua evolução se processará unicamente através das experiências que vão travar no mundo espiritual.

Achamos importante, agora, abordarmos rapidamente a gradação dos Espíritos, já que falamos em Espíritos ignorantes, equilibrados, superiores etc.

Allan Kardec, em *O Livro dos Espíritos*, classifica os Espíritos em três ordens, que se subdividem em 10 classes.

São as seguintes essas classes: 10ª) Espíritos impuros; 9ª) levianos; 8ª) pseudosábios; 7ª) neutros; 6ª) batedores/perturbadores; 5ª) benévolos; 4ª) sábios; 3ª) prudentes; 2ª) superiores; 1ª) puros.

Na realidade, essa classificação pretende demonstrar que no Plano Espiritual existem indivíduos de todas as espécies. Assim fica mais clara a recomendação da Doutrina Espírita de que não devemos aceitar cegamente tudo aquilo que os Espíritos nos dizem, pois nem todos são sábios, superiores ou puros.

Essa classificação pode ser simplificada da seguinte forma: Espíritos inferiores, bons, superiores e crísticos, ou da Esfera Criativa.

Por esta última classificação, **Espíritos inferiores** são aqueles que ainda se encontram em estágio de profunda ignorância; são os chamados Espíritos maus, isto é, maus pela ignorância do Bem. São os Espíritos que normalmente assediam as criaturas, obsidiando-as; são os vingadores, aqueles que vêm em busca de desforra.

Espíritos bons são aqueles cooperadores, os guias, protetores, aqueles que nos acompanham durante a vida e nos auxiliam na execução dos trabalhos espirituais. Cooperam na assistência aos doentes. Na ortodoxia católica seriam equivalentes aos anjos.

Espíritos superiores são os responsáveis pela vida dos povos, são os grandes guias, aqueles que desenvolvem tarefas de grande alcance no plano coletivo, responsáveis pela gravação da história dos povos no grande livro do Universo. Quanto a esta última tarefa, pode-se esclarecer que tudo o que se passa no Universo fica registrado, gravado. Os hindus, por exemplo, nos falam dos Arquivos Akásicos. Logo, esses Espíritos superiores podem, com facilidade, consultar no éter a história de um povo já desaparecido há milênios, e essa história se lhes aparecerá tão viva, tão presente, como se os fatos estivessem acontecendo naquele instante.

O médium Francisco Cândido Xavier conta que, ao psicografar o livro *Há 2.000 Anos*, foi-lhe dado viver as cenas que estava escrevendo. Chico estava presente, praticamente participando de todos os fatos descritos naquele livro. A médium Yvonne Pereira diz que, em seus romances, ela chega a viver com os próprios personagens, como se estivesse presenciando uma cena num teatro, só que ao invés de estar na platéia ela está no palco.

Esses relatos confirmam o fato de que os médiuns são transportados para o Plano Espiritual, onde têm acesso a esses Arquivos Akásicos, para que possam melhor descrever as cenas do passado.

Cabe também a esses Espíritos superiores a direção das provações coletivas. Indivíduos ligados entre si pelas mesmas reações (Carma), são reunidos numa determinada situação e sofrem um acidente em conjunto. Assim explicam-se as grandes tragédias, onde centenas de pessoas perdem a vida ao mesmo tempo e de modo idêntico. São grupos de indivíduos que precisam conscientizar-se do erro cometido em conjunto no passado e, por isso, passam pela mesma provação.

A História está repleta de provações coletivas: o desaparecimento da Lemúria, o afundamento da Atlântida, os grandes terremotos e maremotos, a destruição de Pompéia, os grandes desastres aéreos da atualidade etc. Todos esses acontecimentos são, sem dúvida, controlados por Espíritos Superiores.

Cabe ainda aos Espíritos Superiores cooperar na construção dos mundos e na destruição dos globos apagados, que são corpos celestes já sem condições de vida.

Finalmente, algumas referências sobre os **Espíritos da Esfera Criativa**. São entidades extremamente elevadas. Espíritos que têm por delegação divina a tarefa de criar formas e tipos. Mas têm, sobretudo, a capacidade da abnegação.

Em seu livro *A Caminho da Luz*, Emmanuel fala do trabalho gigantesco de Jesus na direção da equipe que criou as novas formas de vida e organizou as condições apropriadas para que a vida pudesse expandir-se na Terra.

Entretanto, tais Espíritos têm, acima de tudo, a nobre missão de salvar humanidades. Graças ao seu elevado grau de abnegação, eles voluntariamente se sacrificam para mudar o curso de toda a história. Jesus de Nazaré, o nosso Cristo Planetário, é exemplo dessa abnegação.

10.2 O Intercâmbio Através da Mediunidade

Para encerrar esta aula, já que falamos tanto em mundo material e mundo espiritual, é importante lembrar que é livre o intercâmbio entre esses dois mundos. E esse intercâmbio é feito através dos médiuns.

Médiuns são criaturas de sensibilidade aguçada, que podem registrar a presença de Espíritos e podem, também, transportar-se para o Plano Espiritual e descrever cenas e fatos. Podem ouvir Espíritos e emprestar seu corpo físico para servir de veículo de manifestação temporária de Espíritos desencarnados.

É preciso deixar registrado, contudo, que o fato de o indivíduo ser médium não lhe confere, necessariamente, a coroa de santificação. Médium é apenas um trabalhador da verdade que, quanto mais moralizado e evangelizado for, melhor terá condições de servir ao próximo e de ser veículo de Espíritos superiores. Médiuns existem no Espiritismo e fora dele. O Espiritismo não inventou os médiuns; a Doutrina Espírita procura educar, orientar, ajudar o médium a cumprir fielmente o preceito cristão de "dar de graça o que de graça recebemos".

10.3 Bibliografia

O Livro dos Espíritos, Allan Kardec, Livro Segundo.

O Livro dos Médiuns, Allan Kardec, Cap. VIII.

Mediunidade, Edgard Armond, Editora Aliança.

Nosso Lar, André Luiz / Francisco Cândido Xavier, FEB.

E a Vida Continua, André Luiz / Francisco Cândido Xavier, FEB.

Capítulo 11

Esboço do livro A Gênese
Os Milagres e as Predições segundo o Espiritismo

11.1 O Ser Humano Frente ao Universo

Último livro do codificador, editado em janeiro de 1868, pouco mais de um ano antes do desencarne de Allan Kardec, *A Gênese* é, acima de tudo, um livro científico. Um texto em que é patente a preocupação de Kardec em fortalecer o lastro científico da Doutrina Espírita, tão necessário para que o aspecto religioso — o mais importante dos três componentes — pudesse subsistir enfrentando a verdade face a face.

O livro começa abordando as características da revelação espírita, para legitimar o processo pelo qual foi recebido. Em seguida, fala sobre Deus e Sua existência. Depois se estende sobre o Bem e o Mal. Discorre sobre o desempenho da Ciência, sobre os antigos e modernos sistemas científicos.

No prefácio de *A Gênese*, Kardec afirma que no Espiritismo não se encerram mistérios nem teorias secretas. Tudo nele tem de estar patente a fim de que todos o possam avaliar com conhecimento de causa; e que não é uma obra transmitida por um único Espírito, mas resultante do ensino coletivo e simultâneo.

Nos primeiros capítulos de *A Gênese* há considerações a respeito da existência de Deus, dos instintos dos seres vivos e da inteligência. Do capítulo 4º ao 9º há uma síntese sobre a formação do Universo, dos sistemas solares, o éter espacial, a matéria, os diferentes mundos, a Terra e seus períodos, o tempo e a sua relatividade. Se aí houvesse apenas a descrição desses fenômenos, se estaria diante de uma obra de Astronomia ou de Geografia. Contudo, a cada relato, há a análise do porquê de tal fenômeno, com o desenvolvimento filosófico do pensamento humano perante tais grandezas.

11.2 Da Evolução das Espécies e dos Mundos

A partir do capítulo 10º, há revelações da gênese orgânica, em que Kardec questiona a geração espontânea, tese pela qual os seres surgiriam do nada. Kardec delineia a escala dos seres vivos. Utiliza argumentos irrefutáveis ao tratar da condição humana como mais um elo na cadeia evolutiva. A descrição está no item 28:

"Acompanhando-se passo a passo a série dos seres, dir-se-ia que cada espécie é um aperfeiçoamento, uma transformação da espécie inferior".

E também no item 29:

"Ainda que isso lhe fira o orgulho, tem o homem que se resignar a não ser no seu corpo material mais do que o último anel da animalidade na Terra".

Em seu capítulo 11 (Gênese Espiritual), são explicadas a diferença entre o princípio espiritual e o princípio vital, a Lei do Progresso Espiritual, e a condição do perispírito.

Do item 18 ao 22 há a descrição fabulosa de como o Espírito vai estreitando os laços reencarnatórios com o novo corpo. Do item 28 ao 32 tem-se a origem do ser humano na Terra, como e por que houve o aparecimento do homem, com suas raças, em pontos tão distantes do planeta (e com culturas tão similares) e outros com tão diferentes graus de evolução.

Particularmente nos itens que tratam da doutrina dos anjos decaídos se encontra a justificação da raça adâmica, melhor provida intelectualmente, e sua missão de progresso junto aos que já habitavam a Terra.

11.3 A Gênese Mosaica

No capítulo 12, sobre o esboço geológico da Terra, em que apresenta de forma científica, com os conhecimentos da época, os seis dias da Criação da Gênese de Moisés. *"Na realidade* — conclui Kardec — *cada dia destes seis corresponde a um período geológico de milhões de anos. São os períodos geológicos pelos quais passou o nosso planeta até chegar ao estágio atual, que também não é o definitivo, pois tudo evolui no Universo."*

Segundo a gênese mosaica: *"Tudo era trevas e Deus fez a luz. Criou o céu e a terra, a noite e o dia, e o firmamento"*.

A palavra firmamento é usada em decorrência da crença antiga de que a Terra era plana e de que o céu fazia uma curva. Tudo que estivesse acima de nossas cabeças não cairia, estaria firme.

Segundo a ciência: Houve uma concentração imensa de átomos em um único ponto. Essa condensação gerou um grande potencial de energia, elevando a temperatura a bilhões de graus. Esse aumento de temperatura causou uma grande explosão, o Big Bang, há 20 bilhões de anos.

Decorrentes de uma explosão, têm-se luz e fragmentos. Esses fragmentos são atualmente as nebulosas, com suas constelações e sistemas planetários, que se afastam de um ponto central. Entre os sistemas planetários formados, há o nosso Sol e seus nove planetas.

Segundo a gênese: *"Houve a formação e separação das águas superiores e inferiores"*.

Seria difícil entender, ao tempo de Moisés, explicações das mudanças de estados físicos da água.

Segundo a ciência: Da explosão surgiram muitos gases. O mais abundante no espaço é o hidrogênio. Os choques de partículas (prótons, elétrons, nêutrons) formaram os elementos químicos. A princípio a Terra estava muito aquecida. Após milhões de anos houve um pequeno resfriamento de sua crosta. À sua volta se formaram gotículas de chuva, ocupando vales e reentrâncias, formando mares e oceanos.

Segundo a gênese: *"As águas inferiores juntam-se em um só lugar e aparece o elemento árido terra. E produza a terra a erva verde e que dê sementes segundo sua espécie e árvores que dão frutos"*.

Segundo a ciência: Estando a Terra ainda morna, e sendo também aquecida pela luz do Sol, as águas, compondo uma sopa orgânica, em que moléculas, compostos nitrogenados e gases interagiram e formaram as primeiras sequências de proteínas. Estas, por ação de radiações, foram ficando cada vez mais complexas, até conseguirem se autoduplicar e se fechar em si mesmas. Surgiram as primeiras células. Contudo, não eram vegetais, pois para realizar fotossíntese, se exige muita complexidade de reações e tais organismos eram extremamente simples. E o que seriam? Bactérias, protozoários e depois, bem depois, as primeiras algas.

Prossegue o estudo da gênese mosaica e seu paralelo com a ciência.

Segundo a gênese: *"Surjam luzeiros no firmamento, e separe-se o dia e a noite e sirvam os sinais para distinguir os dias e os anos".*

Segundo a ciência: Atmosfera se purificando de gases nocivos, pois, com as algas, se inicia a produção de oxigênio. A vida torna-se mais complexa, surgindo plantas mais desenvolvidas. Na sequência animal aparecem os primeiros seres multicelulares, que vão sofrendo inúmeras mutações, por causa da incidência das radiações cósmicas e solares na Terra.

Segundo a gênese: *"Produzam as águas, peixes e répteis animados e viventes, e aves que voam e se reproduzam e povoem a terra".*

Há, aqui, a observar a fidelidade na sequência mosaica. Não surge a vida sem que se tenha criado a água. Surgem primeiro os peixes, depois os répteis e, a partir destes, as aves.

Segundo a ciência: Após a multiplicação dos seres invertebrados aquáticos e terrestres, surgem os primeiros vertebrados (ainda aquáticos). Após novas mutações alguns peixes conseguiram respirar fora da água. Abriu-se então a oportunidade dos seres terrestres, os anfíbios. Com o aparecimento das cascas dos ovos, os répteis, que dominaram a Terra no Período Mesozóico. Os menores, após mutações genéticas, deram origem às aves.

Segundo a gênese: *"Produza a terra animais selváticos e animais domésticos, vivendo segundo a sua espécie. Façamos o homem segundo nossa imagem e semelhança. E Deus criou o homem segundo sua imagem e semelhança, criou-os varão e fêmea. Abençoou-os e disse: Crescei e multiplicai-vos e povoai toda a terra".*

Em todas as edições bíblicas, quando da criação do ser humano, o verbo está no plural (façamos...). O que leva à reflexão de que Deus tenha consultado seus auxiliares celestes na criação do homem.

Ao analisar a frase *"à sua imagem e semelhança"*, é preciso considerar que Deus quer que o ser humano reflita Sua imagem de bondade, de justiça, de misericórdia, de amor. Como semelhança existe a capacidade de discernir o bem do mal, o certo do errado, pela faculdade, que Ele nos deu, de raciocínio.

Segundo a gênese: *"E o Senhor Deus formou, pois, o homem do barro da terra e inspirou no seu rosto um sopro de vida".*

Todos os elementos químicos presentes na terra, como o carbono, substâncias nitrogenadas, sódio, potássio, ferro etc. estão em nosso corpo. Nossos corpos são formados de compostos químicos orgânicos e inorgânicos. Fazemos parte de uma cadeia alimentar, pois quando nossa matéria não tem mais vida, o corpo se decompõe e esses elementos retornam ao solo, para que os vegetais os absorvam e possam alimentar outros seres, cumprindo a reciclagem dos elementos.

11.4 Os Milagres e as Predições

Finalmente, em *A Gênese*, Kardec fala das ocorrências que são descritas como milagres no Evangelho.

Assunto muito controvertido, pois o milagre, em conceito, se trata de uma ocorrência em que é derrogada uma lei natural. Ora, sendo lei natural, é uma lei de Deus. Se Deus fizesse a lei e, em determinadas ocasiões, a derrogasse, a lei não seria perfeita. Logo, milagre, como derrogação da lei, não existe. Na realidade, o que se entende por "milagre" é pura e simplesmente a manipulação de uma lei natural ainda desconhecida dos homens em geral. Assim, os chamados milagres do Evangelho seriam a ação sábia de Jesus manipulando forças, na época (e ainda hoje, a maioria delas) desconhecidas da humanidade.

Todos esses fatos estão cientificamente explicados em *A Gênese*, demonstrando que o Espiritismo procura sempre compreender os acontecimentos dentro da ordem natural e nunca na órbita do chamado "sobrenatural" ou milagroso.

A mesma trajetória percorre o codificador, ao tratar das profecias. Kardec apresenta teorias a respeito da faculdade de prever acontecimentos futuros, demonstrando que, quanto mais evoluido é o Espírito, maior sua capacidade de compreender a marcha dos fatos, sem com isso derrogar o livre-arbítrio, que é atributo indelével conferido Deus às criaturas.

11.5 Bibliografia

A Gênese, os Milagres e as Predições segundo o Espiritismo, Allan Kardec.

A Caminho da Luz, Emmanuel / Francisco Cândido Xavier, FEB.

Evolução em Dois Mundos, André Luiz / Francisco Cândido Xavier, FEB.

Evolução para o Terceiro Milênio, Carlos Toledo Rizzini, Edicel.

Os Exilados da Capela, Edgard Armond, Editora Aliança.

Capítulo 12

As leis da reencarnação e do carma. A evolução do Espírito.

12.1 As Leis da Reencarnação e do Carma

Ensina a Doutrina Espírita que o Espírito é criado simples e ignorante. Deus é o Criador, que cria incessantemente Espíritos destinados à perfeição. Assim, o Espírito sai das mãos do Criador e começa uma série de experiências ligado à matéria. Aprendendo com o esforço próprio, cada qual colhendo os resultados das próprias experiências, e assim formando sua própria personalidade.

Na pergunta 166 de *O Livro dos Espíritos*, encontramos as bases da pluralidade das existências, ou das reencarnações. Começa o capítulo com Kardec perguntando:

"Como pode a alma, que não atingiu a perfeição durante a vida corpórea, acabar de se depurar?"

Respondem os Espíritos:

"Submetendo-se à prova de uma nova existência".

E, assim, o assunto vai se desenrolando de forma lógica, ensinando-nos que a matéria — o corpo físico — é o instrumento essencial da evolução do Espírito em nosso plano. Mostra também que a reencarnação é a mais alta expressão da Justiça Divina, que não condena ninguém a sofrimentos eternos por causa dos erros muitas vezes cometidos em momentos de desequilíbrio ou fraqueza. Demonstra que a reencarnação é a oportunidade que temos de nos aperfeiçoar mediante nossos erros e acertos, segundo a nossa própria experiência, construindo nosso próprio destino.

A reencarnação — isto é, os inúmeros corpos de que se serve um mesmo Espírito em sua caminhada pela eternidade — explica melhor a diversidade de destinos e de aptidões que vemos aqui na Terra. Existem os doentes e os sãos; os ricos e os pobres; os deficientes e os perfeitos; os inteligentes e os retardados. Serão todos os sofredores seres castigados pelo Criador? E os felizes, por sua vez, seres premiados pelo Pai? Logo, o Criador castigaria e premiaria a seu bel-prazer, como o mais imperfeito dos mortais?

Excluindo-se a reencarnação das hipóteses da origem e do destino humano, temos de admitir a existência de um Deus irascível e castigador; a vida deixa de ter explicações lógicas. Teríamos de admitir que o doente incurável, por exemplo, está sendo castigado. Mas, por quê? Se muitas vezes esse mesmo doente é uma pessoa boa, honesta, e tem sido sempre devotada ao bem de seu próximo, ao conforto de seus familiares? É justo, então, castigar uma pessoa assim? Se levarmos em consideração a unicidade da existência, isto é, se levarmos em conta que vivemos uma única vez, então essa doença representa um castigo terrível, um capricho de Deus, que nada servirá para o ser em prova.

Por sua vez, a reencarnação explica tais fatos e demonstra que Deus é apenas o Justo e o Misericordioso; nós, os seres por Ele criados, é que muitas vezes transgredimos Suas leis e, por isso mesmo, somos forçados a sofrer as consequências dessas transgressões. Entramos, assim, na Lei de Ação e Reação, ou Lei do Carma, que funciona também no campo físico. Como lei física (a 3ª Lei de Newton), ela é enunciada da seguinte forma:

"A toda ação corresponde um reação de igual intensidade e direção, mas em sentido contrário".

No plano moral, ou espiritual, a Lei de Ação e Reação pode ser enunciada de forma essencialmente evangélica:

"É livre a semeadura, porém obrigatória a colheita". Isto é, somos livres para agir, porém obrigados a nos submeter à reação dessa mesma ação. Uma ação boa terá uma boa reação; uma ação má trará, sem dúvida, uma reação má, ensinando-nos a não mais repeti-la. Isso sempre no plano da eternidade: a ação pode ser cometida hoje, porém a reação pode ser desencadeada muitos séculos à frente, em outra encarnação.

A Lei de Ação e Reação, ou Carma, ensina que somos herdeiros de nós mesmos. Não há injustiça do Criador. Somos responsáveis pelo nosso sofrimento ou pela nossa felicidade. A causa de nossa infelicidade ou de nossa felicidade deve ser buscada dentro de nós, e não fora. Os outros não são responsáveis pelo nosso destino. Procuremos em nós mesmos as causas e, se não as encontrarmos na vida presente, sem dúvida elas estão radicadas em vidas anteriores, em outras encarnações. Aquele que hoje sofre sem causa aparente está, com certeza, resgatando uma ação do passado em que fez alguém sofrer com a mesma intensidade com que está sofrendo hoje. A Pedagogia Divina nos ensina, pela experiência, a sofrer em nós o mal que infligimos a outrem. Assim, com as reencarnações sucessivas, vamos aprendendo que só devemos fazer o bem, pois o mal cometido contra alguém um dia retornará contra nós mesmos, causando-nos a mesma dor que a vítima do passado sentiu.

A reencarnação vai levando, portanto, o Espírito à conscientização no Bem. Vamos nos convencendo de que fazer o Bem é melhor do que fazer o Mal. Embora, em termos de uma única vida, o Mal muitas vezes pareça um negócio muito melhor — daí o grande número de gozadores irresponsáveis da vida, despreocupados da imortalidade.

Já vimos, em capítulos anteriores, como se processa essa conscientização pela dor e pelo remorso. Feito o Mal e reconhecido ele por nós, após nossa desencarnação o remorso nos bate à porta e pedimos uma nova encarnação para o resgate da falta cometida. Essa nova encarnação trará sofrimento e só nos quitará perante as Leis Divinas se realmente resgatarmos a falta, reconstruindo aquilo que destruímos.

A não-aceitação do erro, por sua vez, nos trará o sofrimento pela reação natural. Essa dor nos levará ao remorso, pois estamos sentindo a dor que o outro (a vítima do passado) sentiu e logo o remorso de haver feito esse Mal nos invade o Espírito. Com o remorso temos vontade de reparar a falta. A reencarnação nos trará a oportunidade da reparação.

Isto não significa que sempre cumprimos bem o encargo de reparação que assumimos ao reencarnar. Muitos de nós nos acomodamos, quando voltamos a novo corpo, e acabamos até nos revoltando quando a oportunidade de resgate nos bate à porta. Com isso apenas adiamos o pagamento da dívida; voltamos ao Plano Espiritual com uma dívida acumulada.

Porém, a Misericórdia Divina não exige o pagamento de uma só vez. Em novas encarnações vamos pagando em prestações. Se os Espíritos Superiores perceberem que numa nova existência estamos demonstrando capacidade de pagar uma parcela maior da dívida, eles cuidarão de liberar essa parcela maior a fim de quitar mais rapidamente o débito por nós livremente contraído. A ninguém é pedido pagar parcela maior do que aquela que estamos capacitados a pagar. Daí a sabedoria do refrão popular em termos de reencarnação: "Deus dá o frio conforme o cobertor".

Por isso ouvimos com frequência afirmações desse tipo: "Depois que entrei para o Espiritismo minha vida até piorou". A explicação é bastante lógica: enquanto estamos despreocupados das verdades espirituais, não temos condições de pagar os débitos do passado e, assim, vamos adiando o resgate.

Quando, porém, iluminados pelas verdades sublimes que o Espiritismo nos traz, teremos condições de começar os pagamentos, pois a compreensão de que nos revestimos admitirá, sem revoltas, os sofrimentos e provações normais aos resgates de dívidas. Assim, estaremos caminhando mais rapidamente para a felicidade, pois, quites com débitos, seremos livres para entrar em planos espirituais onde o bem sobrepuja o mal.

Por isso o Espírito Emmanuel nos ensina: **"Aflição sem revolta é paz que nos redime".** Redime-nos perante o nosso passado delituoso. A revolta é sofrimento desperdiçado. Sofrer com revolta exige a repetição do sofrimento. Vejamos um exemplo muito simples: uma pessoa deve uma determinada quantia a outra. Para pagar essa dívida precisa, muitas vezes, privar-se de uma série de benefícios e de conforto; mas, quitada a dívida, ela poderá voltar a esses benefícios. Contudo, se obrigada a pagar a dívida, começa a revoltar-se, acaba perdendo inclusive as condições de amealhar dinheiro para resgatar o débito. Assim, esse débito será acrescido de juros e o indivíduo terá de pagar com o acréscimo de sua própria revolta.

Por isso muita gente acha que só o fato de sofrer já é suficiente para o pagamento de uma dívida. Não é verdade, depende de como sofremos. Sofrimento com revolta é dívida aumentada, significa devedor rebelde, desonesto, que não tem satisfação de pagar dívida livremente contraída por ele mesmo. Assim, a dor — moral ou física — deve sempre ser assumida por nós. Significa que é chegado o momento de resgate, que estamos recebendo a reação de ações por nós mesmos desencadeadas. É claro que devemos procurar todos os meios para atenuar nosso sofrimento — bem como para atenuar o sofrimento do próximo — porém, se depois de toda nossa luta a situação não se modifica, devemos aceitar serenamente a dor, sem desespero nem revolta.

Dor serenamente aceita é resgate bem absorvido, é degrau conquistado pelo Espírito rumo à felicidade superior.

É por isso que se destaca o ensinamento do perdão que Jesus testemunhou em toda sua trajetória entre nós. Quando perdoamos, a revolta se desvanece e entramos em sintonia com Espíritos Superiores que nos sustentam na paz necessária para vencermos as tribulações.

Quando falamos da necessidade de fazer o Bem, para colhermos o Bem pela Lei de Ação e Reação, é possível que muita gente argumente acerca do desconhecimento do que seja o Bem para o próximo. Mais uma vez, Jesus é o roteiro. Ensinou ele que todos os mandamentos da Lei de Deus podem se resumir apenas neste: "Ama a Deus sobre todas as coisas e ao próximo como a ti mesmo". Aqui está o roteiro de nossa felicidade. E só seremos felizes construindo a felicidade de nosso próximo. Poderíamos concluir dizendo que devemos fazer ao próximo aquilo que desejamos façam a nós.

12.2 A Evolução do Espírito

Se Deus é perfeito e se somos criados por Deus, logo poderíamos já ter sido criados perfeitos. Por que o Pai já não nos cria assim? Ao contrário, Ele nos cria simples e ignorantes, para que trabalhemos pela nossa própria evolução rumo à perfeição.

Na realidade, não nos cabe "ensinar" ao Pai o que fazer, mas temos o direito de perguntar, de expor nossas dúvidas. Na Doutrina Espírita não há dogmas, não há imposições, podemos sempre questionar, não aceitar cegamente tudo aquilo que nos é ensinado. Os Espíritos Superiores não nos abandonam se nos mostrarmos sempre ansiosos de mais aprender; pelo contrário, apóiam todas as iniciativas que visam fazer o homem melhor compreender o Criador. Aliás, todos nós gostaríamos de entender a natureza de Deus; contudo, Jesus, no Sermão da Montanha, ensina que **"os puros de coração verão a Deus".** Logo, o Mestre explica que quanto mais nos moralizarmos, mais purificarmos nossos sentimentos, melhores condições teremos de entender e ver Deus.

Mas, voltemos ao problema da Criação. A lógica nos diz que ninguém chega a general sem começar pelas patentes menores, a partir do grau de aspirante a oficial. Logo, se Deus nos criasse perfeitos, que mérito teríamos? Como poderíamos ter valor, se já tivéssemos recebido tudo de presente, sem esforço, sem passar pelas experiências do aprendizado que formou a nossa personalidade? Deus quer que o ser, a sua criatura, participe da obra da Criação. Ele nos dá oportunidade de sermos co-criadores da Sua obra. E, na medida em que mais participarmos dessa obra, mais perto do Criador estaremos.

Poderíamos até dizer, na linguagem mais acessível ao nosso entendimento, que Deus não é egoísta: Ele oferece participação a todos seus filhos na construção da monumental obra da Criação.

Assim, pelas reencarnações sucessivas vamos evoluindo. Inicialmente fazendo longas experiências nos reinos mineral, vegetal e animal, vamos conquistando vivência. Depois, já como seres humanos, agindo livremente, construindo e destruindo, amando e odiando, vamos acumulando experiências e recebendo as reações que nos ensinam o caminho da perfeição. Neste e em outros mundos vamos conquistando aprendizado até chegarmos ao ponto de pureza espiritual, em que não há mais necessidade de encarnarmos. Mas, mesmo aí, o trabalho continua, e agora com mais aproveitamento, pois quanto mais puros formos, mais entenderemos a vontade de Deus e faremos a Sua vontade por todo o Universo.

Na caminhada evolutiva, vamos acumulando débitos e créditos. Vamos aprendendo, enfim. Como indivíduos ou como coletividades, comunidades, povos, vamos adquirindo débitos e créditos. Uma nação, por exemplo, é a soma de débitos e créditos (o carma) de cada um de seus integrantes. Diz-se, portanto, que os povos e comunidades têm seu carma coletivo.

Emmanuel, no livro *O Consolador*, item 250, explica como se processa a provação coletiva:

"Na provação coletiva verifica-se a convocação de Espíritos encarnados participantes do mesmo débito, com referência ao passado delituoso e obscuro. O mecanismo da Justiça, na lei das compensações, funciona então espontaneamente, através dos prepostos do Cristo, que convocam os comparsas na dívida do pretérito para os resgates

em comum, razão por que, muitas vezes, intitulais 'doloroso acaso' as circunstâncias que reúnem as criaturas mais díspares no mesmo acidente, que lhes ocasiona a morte do corpo físico ou as mais variadas mutilações, no quadro de seus compromissos individuais".

Nada está subordinado ao acaso. Tudo tem algum relacionamento com a Lei de Evolução. Nosso presente reflete o nosso passado. O futuro será exatamente o resultado de nosso trabalho no presente. Espírito e matéria evoluem. Todos tendem para a desmaterialização. O Espírito evolui deixando para trás seu apego aos bens transitórios da matéria; a matéria evolui tornando-se cada vez mais fluídica, retornando ao plano da energia. A Terra, como planeta, evolui e, neste início de Terceiro Milênio, ela passará por transformações mais acentuadas, a fim de cumprir mais uma etapa em sua caminhada evolutiva no concerto dos mundos.

Entretanto, quando falamos em evolução do Espírito pelas vias da reencarnação, é preciso lançar mais um esclarecimento. Reencarnação é instrumento da Evolução, pela qual o Espírito jamais regride; pode estacionar, mas não voltar para trás. A reencarnação é diferente da metempsicose. Esta, a metempsicose, adotada por povos da antiguidade, diz que o Espírito pode reencarnar em corpos que não sejam os do gênero humano. Isto é, que podemos reencarnar no corpo de um animal. Essa teoria da metempsicose não tem fundamento nas observações e estudos levados a efeito pela Doutrina Espírita. Desde que atingimos o estágio humano, não mais regredimos, e a reencarnação se dará sempre na linhagem humana.

Atualmente, a reencarnação vem sendo novamente estudada sob critérios científicos. Muitos homens de ciência estão se dedicando ao estudo para comprovar a volta do Espírito a um novo corpo. Já existem muitas provas científicas sobre o assunto, estando a Ciência, através de seus representantes mais honestos, caminhando para comprovar de forma insofismável a ocorrência da reencarnação, que vem sendo defendida desde a mais remota antiguidade, fazendo parte dos ensinamentos das religiões mais antigas da Humanidade.

12.3 Bibliografia

O Livro dos Espíritos, Allan Kardec, Cap. IV.

Ação e Reação, André Luiz / Francisco Cândido Xavier, FEB.

Justiça Divina, Emmanuel / Francisco Cândido Xavier, FEB.

A Reencarnação, Gabriel Dellane, FEB.

Vinte Casos Sugestivos de Reencarnação, dr. Ian Stevenson, EDICEL.

Capítulo 13

Forma dos Espíritos. Envoltórios espirituais. Perispírito e corpo etérico.

13.1 Forma dos Espíritos

O espírito é o princípio inteligente do Universo, não possuindo em si uma forma; entretanto, poderíamos associá-lo a um clarão, uma chama ou uma centelha etérea. Essa chama ou centelha, como encontramos em *O Livro dos Espíritos*, tem cor, variando do sombrio ao mais brilhante, conforme seja o Espírito mais ou menos puro. Essa centelha exerce sua influência em mundos diferentes, isto é, no mundo dos Espíritos e no mundo material. Ambos, porém, mundos de formas definidas.

Assim, os Espíritos estão por toda parte; povoam o espaço infinito. Embora seja o espírito uma centelha, seria impróprio chamá-lo de imaterial. Muitos assim o classificam, porque sua essência difere de tudo quanto conhecemos com o nome de matéria. Pode ser mais propriamente designado por incorpóreo, porque, sendo uma criação, é alguma coisa, como diz bem *O Livro dos Espíritos*, matéria tão eterizada que nos escapa aos sentidos.

13.2 Perispírito

O mundo espírita preexiste ao das formas mais grosseiras, isto é, o mundo material.

No mundo dos Espíritos, estes também se apresentam com formas que possibilitam a sua identificação e, para tanto, se utilizam de um corpo denominado perispírito.

O perispírito é leve, fluídico, imponderável. O espírito ou alma, princípio inteligente do Universo, unido ao perispírito, é o que comumente os médiuns vêem nas suas vidências (espírito + perispírito = Espírito). Assim, quando vemos um Espírito, em verdade estamos vendo o seu perispírito. Uma das propriedades do perispírito é servir de elo entre o espírito e o corpo físico. Outro atributo do perispírito é o de funcionar como molde do corpo físico.

O perispírito é constituído de matéria sutil, quintessenciada, formada pelo fluido universal de cada globo onde devam exercer experiências. Daí não ser da mesma consistência em todos os mundos. O espírito continua sendo o mesmo, porém o perispírito guarda as características da matéria da qual se constitui o orbe onde o Espírito está adquirindo experiências.

O perispírito é altamente plasmável e registra todas as sensações, todas as emoções, a imagem e o som dos acontecimentos, gravando indelevelmente em si mesmo essas experiências. As sensações, sejam elas quais forem, são enviadas pelo corpo físico ao espírito via perispírito, sendo este apenas veículo, porque quem sente é o espírito. Da mesma forma informações e respostas partem do espírito através do perispírito para o corpo físico.

O perispírito grava os acontecimentos, portanto, ante um efeito, nele buscaremos a causa; eis porque a medicina do futuro se baseará no perispírito, exatamente porque nele estão as respostas da maioria das doenças. No perispírito descobrir-se-á a causa do desequilíbrio.

As nossas experiências estão arquivadas no perispírito, portanto podemos revivê-las, quando nos utilizamos de processos capazes de trazê-las à tona.

Os fenômenos da bicorporeidade e o da transfiguração são produzidos pelo Espírito, que se utiliza do perispírito. Sobre o assunto, transcrevemos Kardec, quando nos diz em *O Livro dos Médiuns*, capítulo VII:

"Esses dois fenômenos são variedades de manifestações visuais. Por mais maravilhosos que possam parecer à primeira vista, facilmente se reconhecerá, pelas explicações que deles se podem dar, que não saem da ordem dos fenômenos naturais. Ambos se fundem no princípio de que tudo o que foi dito sobre as propriedades do perispírito após a morte se aplica ao perispírito dos vivos".

Ainda citando Kardec, conforme o mesmo livro e capítulo:

"... O Espírito de uma pessoa viva, afastado do corpo, pode aparecer como o de um morto, com todas as aparências da reali-

dade. Além disso, pelos motivos que já explicamos, pode adquirir a tangibilidade momentânea. Foi esse fenômeno, designado por bicorporeidade, que deu lugar às histórias de homens duplos, indivíduos cuja presença simultânea se constatou em dois lugares diversos".

Já o fenômeno da transfiguração consiste na modificação do aspecto de um corpo vivo. Será melhor continuar citando *O Livro dos Médiuns*, capítulo VII:

"A transfiguração pode ocorrer, em certos casos, por uma simples contração muscular, que dá à fisionomia expressão muito diferente, a ponto de tornar a pessoa quase irreconhecível. Observamo-la frequentemente com alguns sonâmbulos; mas, nestes casos, a transformação não é radical. Uma mulher poderá parecer jovem ou velha, bela ou feia, mas será sempre mulher e seu peso não aumentará e nem diminuirá. No caso de que tratamos é evidente que há algo mais. A teoria do perispírito vai nos pôr no caminho.

Admite-se em princípio que o Espírito pode dar ao seu perispírito todas as aparências. Que por uma modificação das disposições moleculares, pode lhe dar a visibilidade, a tangibilidade e, em consequência, a opacidade. Que o perispírito de uma pessoa viva, fora do corpo, pode passar pelas mesmas transformações, e que essa mudança de estado se realiza por meio da combinação dos fluidos.

Imaginemos então o perispírito de uma pessoa viva, não fora do corpo, mas irradiando ao redor do corpo, de maneira a envolvê-lo como uma espécie de vapor. Nesse estado ele pode sofrer as mesmas modificações de quando separado".

O perispírito, ou mediador plástico, como alguns preferem, é mencionado em várias filosofias ou religiões, ou ainda seitas, as quais citamos a seguir:

Mano-Maya-Kosha (Vedanta), Kama-Rupa (Budismo Esotérico), Baodhas (Zend Avesta), Kha (Egito), Rouach (Cabala Hebraica), Ímago (Tradicionalismo Latino), Eidôlon (Tradicionalismo Grego), Carne Sutil da Alma (Pitágoras), Corpo Sutil e Etéreo (Aristóteles), Astroiedê (Neoplatônicos da Escola de Alexandria), Evestrum (Paracelso), Corpo Fluídico (Leibnitz), Duplo (Lepag Renour), Alma (dr. H. Baraduc), Aerossoma, Corpo Astral (Hermetistas e Alquimistas), Perispírito (Allan Kardec).

O apóstolo Paulo (1ªTess 5:23) considera o homem como uma figura trina, constituído por espírito-alma-corpo, exercendo a alma a função de mediador plástico. Na primitividade cristã, entre outros, Arnóbio, Atanásio, Basílio e Fulgêncio, admitem também o ternário humano: espírito (pneuma), alma fluídica (o mediador plástico-psique) e um corpo carnal (soma).

Assim, o perispírito não é uma descoberta do Espiritismo. Ele apresenta no seu todo um estado vibratório, porém mais denso ou mais sutil, dependendo do campo desse corpo. Como o espírito não pode exercer diretamente a sua função sobre a matéria, e necessita deste corpo intermediário, é de esperar que a força vibratória do corpo perispiritual seja mais sutil do "lado" voltado para o espírito, e mais densa do "lado" mais próximo ao corpo físico.

Pode-se perceber que o perispírito tem várias gradações, ou é constituído de vários corpos, cada um com funções específicas, assunto que não cabe neste estudo, por se tratar de matéria tão extensa que outro volume deste porte seria necessário para explicá-lo.

13.3 Duplo Etérico

O duplo etérico tem funções próprias, as quais devem ser conhecidas. Muitos o incluem como parte integrante do perispírito, atribuindo a este corpo qualidades e propriedades exclusivas do duplo etérico.

Parece mais apropriada então esta classificação; **corpo físico** (incluindo o duplo etérico, ou **corpo vital** ou ainda, como muitos preferem, **corpo ódico**), o **perispírito**, e o **espírito**.

Cada corpo está ligado com o seu mundo próprio. Assim, o corpo físico e o seu duplo, isto é, o duplo etérico, ambos de natureza física, estão ligados portanto ao mundo terrestre, físico; o corpo astral ou perispírito, ligado com o mundo astral; o espírito ligado com os mundos espirituais ou divinos, conforme a sua evolução.

Tem o corpo etérico funções importantes, entre as quais a de vitalizar o corpo físico. Seu elemento constituinte permite ainda produzir fenômenos de materialização em todas as suas modalidades conhecidas, fornecendo para tanto o **ectoplasma** (designação dada por

Charles Richet), substância de aparência gelatinosa. Por ser o duplo etérico organizado com éteres de características puramente físicas, fica-lhe vedada a penetração no mundo astral, principalmente pela sua densidade. O duplo etérico volta ao todo, isto é, num intervalo de algumas horas a alguns dias após a morte do corpo físico, ele se desintegra.

Traduz-se por grande sofrimento o fato de em alguns desencarnes o perispírito estar impregnado da matéria que compõe o duplo etérico, impedindo assim um desligamento mais rápido. Nessas condições, um odor desagradável é exalado, próprio de matéria em decomposição.

O duplo etérico serve de modelo para a constituição do corpo físico, possuindo em si os centros de força (chacras) de que nos fala André Luiz, através dos quais o corpo físico recebe energias cósmicas necessárias à sua sobrevivência. Os centros de força também localizados no perispírito se constituem em verdadeiros canais, através dos quais o Espírito comanda o corpo físico e recebe informações do mundo material. Esses centros estão ligados, no corpo físico, aos plexos.

Neste estudo não cabe um aprofundamento maior sobre o assunto; porém é preciso esclarecer que esses corpos se interpenetram, os mais sutis nos mais densos, não sendo, portanto, corpos estanques.

Como se vê, o assunto é apaixonante e merece, de cada um, uma pesquisa mais alentada, para que possamos conhecer todos os recursos que estão à nossa disposição em cada mundo onde nos manifestamos.

13.4 Aura

Um dos envoltórios espirituais é designado por **aura**, que é em verdade uma projeção do perispírito. A aura tem uma forma ovalada e envolve o Espírito, refletindo assim o seu estado mental, suas emoções. Ela mostra o que o Espírito é, o seu grau evolutivo, suas conquistas. Sendo uma projeção, o Espírito pode extravasá-la inclusive além da fronteira do corpo físico; portanto, os Espíritos, através dela, podem se unir a outros Espíritos num entrelaçamento harmonioso. É possível, ainda, fazer o exame da aura, em que determinados aspectos podem ser detectados pelos médiuns.

Envolvendo a aura existe a **película áurica**, como se fosse um filme, onde é projetado tudo o que o campo emocional do Espírito encerra. Essa película acompanha o Espírito, mesmo quando desencarnado, exibindo, assim, o que o Espírito é em realidade. Daí a afirmação de Emmanuel de que a morte coloca o indivíduo diante de si mesmo.

13.5 Bibliografia

O Livro dos Espíritos, Allan Kardec.

O Livro dos Médiuns, Allan Kardec.

Iniciação Espírita, Autores diversos, Editora Aliança.

Da Alma Humana, Antônio J. Freire.

Capítulo 14

**Recordações de existências anteriores.
Necessidade da prática do bem.
A formação cristã da família.**

14.1 Recordações de Existências Anteriores

Vimos em capítulo anterior que a reencarnação é uma necessidade evolutiva para o Espírito. Através dela o Espírito faz experiências e adquire sabedoria, como também é através das sucessivas reencarnações que se pode explicar a misericórdia divina.

Então, já que é tão importante a reencarnação, sabem os Espíritos quando ela acontecerá?

Dizem-nos os Espíritos que trabalharam com Kardec (*O Livro dos Espíritos* — Pergunta 330): **"Pressentem-na, como o cego que sente o fogo de que se aproxima. Sabem que devem retomar um corpo, como vós sabeis que um dia haveis de morrer, mas ignorais quando isto acontecerá".**

Nem todos os espíritos compreendem bem a reencarnação e muitos nem a percebem; esta condição depende muito do estado evolutivo de cada um. Casos há em que a reencarnação se torna uma necessidade e o Espírito reencarna compulsoriamente. No entanto, Espíritos existem que podem retardar a reencarnação, ou mesmo abreviá-la. Evidentemente que o retardamento sempre ocasiona um sofrimento para o Espírito, mesmo porque a sua marcha evolutiva fica retida. As reencarnações obedecem a critérios especiais, isto é, não são obras do acaso. Existem equipes no mundo espiritual que se incumbem dessa tarefa. Os Espíritos reencarnam em corpos que lhes podem proporcionar todas as experiências e manifestações necessárias àquela nova encarnação; muitos, pelo seu grau de entendimento, podem colaborar na escolha do corpo a ser utilizado em conjunto com os Espíritos encarregados dessa tarefa. Mesmo antes da união entre o corpo e o Espírito, este pode recuar, utilizando o seu livre-arbítrio, e, em muitos casos, pode ocorrer a morte prematura. Estados vibratórios incompatíveis de ambas as partes ou de uma delas, seja o reencarnante ou os pais, provocam desequilíbrios que afetam o processo, rompendo o ato reencarnatório.

Não só o desencarne é perturbador para o Espírito, já que a passagem desta para outra dimensão provoca um desequilíbrio intenso, aliado à incerteza do que encontrará na vida espiritual. O reencarne é também altamente perturbador. Sobre o assunto transcrevemos Kardec (Pergunta 340 de *O Livro dos Espíritos*):

"É um momento solene aquele em que o Espírito deve reencarnar-se? Realiza ele um tal ato como coisa grave e importante para si?"

"— É como um viajante que parte para uma travessia perigosa e que não sabe se encontrará a morte nas vagas que vai afrontar."

Continuando, Kardec nos diz:

"O viajante que embarca sabe a que perigos se expõe, mas não sabe se naufragará. O mesmo se dá com o Espírito: conhece o gênero das provas a que se submete, mas ignora se sucumbirá.

Assim como a morte do corpo é uma espécie de renascimento para o Espírito, a reencarnação lhe é uma espécie de morte, ou antes, de exílio e clausura. Deixa o mundo dos Espíritos pelo mundo corpóreo, como o homem que deixa o mundo corpóreo pelo mundo dos Espíritos. O Espírito sabe que reencarnará, do mesmo modo que o homem sabe que morrerá.

Como este, entretanto, conserva a consciência até o último momento, quando chega o tempo marcado. Então, nesse momento supremo, é tomado por uma perturbação, semelhante à do homem em agonia, e essa perturbação persiste até que a nova existência esteja formada com nitidez. A proximidade da reencarnação é uma espécie de agonia para o Espírito".

A união entre o Espírito e o corpo começa com a concepção. A ligação é feita através de um laço fluídico. A plenitude desta ligação ocorrerá muito depois, ocasião em que o Espírito toma definitivamente as rédeas do corpo físico. Diz-nos André Luiz que este fato ocorre por volta dos 7 anos de idade. No momento da concepção a perturbação do Espírito aumenta, o nascimento está próximo, suas ideias se apagam, como também a lembrança do passado, do qual já não tem mais consciência. Essa lembrança lhe volta, pouco a pouco, como Espírito. Na nova existência as faculdades se desenvolvem gradativamente. O Espírito aprende a movimentar-se outra vez, as ideias e lembranças lhe vêm aos poucos. As tendências tornam-se vivas. Ele mostra, pelo seu procedimento, o seu grau evolutivo.

Os desencarnes prematuros devem ser considerados em alguns casos como necessidade do Espírito de purgar cargas vibratórias no feto ou no corpo físico, ou como necessidade de aprendizado para o próprio Espírito ou para os pais, estando, entretanto, em qualquer hipótese, envolvidos em compromissos anteriores. Outras vezes o fato se deve a acidentes, despreparo, imprudência. No que se refere ao aborto deliberado, há sempre um crime se existir a transgressão da Lei Divina. É preciso levar em conta que, ante perigo iminente para a mãe, menor prejuízo seria o sacrifício daquele que, embora ligado ao corpo físico, ainda não tivesse completado a reencarnação.

O corpo constitui-se, portanto, no invólucro que o Espírito usa quando encarnado. As faculdades morais e intelectuais são conquistas do Espírito que anima esse corpo. Encarnação após encarnação, o Espírito progride; seu avanço numa encarnação pode dar-se no campo moral e noutra mais no campo intelectual, ou ainda em ambos. Entenda-se, portanto, que em casos de loucura ou outras doenças mentais, não se trata absolutamente de um Espírito que não tenha o intelecto desenvolvido, mas de um Espírito que habita um corpo incapaz de lhe proporcionar uma manifestação clara das suas faculdades. É a Lei cobrando do Espírito as dívidas do passado, provocando o resgate dos abusos verificados em outras existências. Muitos gênios têm provocado absurdos crimes contra a Humanidade; a dor, porém, faz com que o Espírito reflita e reformule a sua conduta. As simpatias ou antipatias existentes entre os Espíritos têm origem na afinidade vibratória, na similitude de pensamentos, pelos quais se atraem ou se repelem. A Misericórdia Divina atua aqui de forma interessante, pois o esquecimento do passado, ou o fato de não se recordar de existências anteriores causa menos inconvenientes do que causaria a sua lembrança.

Nesse ponto voltamos a Kardec e transcrevemos suas observações anotadas no capítulo VII, Livro Segundo, de *O Livro dos Espíritos:*

"Se, durante a vida corpórea, não temos uma lembrança precisa daquilo que fomos e do que fizemos de Bem e de Mal em nossas existências pretéritas, temos a sua intuição; e nossas tendências instintivas são uma reminiscência do nosso passado, às quais a nossa consciência, que é o desejo por nós concebido de não mais cometermos as mesmas faltas, adverte-nos que devemos resistir".

Continua Kardec:

"Não há no esquecimento dessas existências passadas, sobretudo quando foram penosas, algo de providencial, onde se revela a sabedoria divina? Quando a lembrança das existências infelizes já não é mais que um sonho mau, é nos mundos superiores que elas se apresentam à memória.

Nos mundos inferiores, as desgraças presentes não seriam agravadas pelas lembranças de todas as outras que se suportou? Concluamos, pois, que tudo quanto Deus faz é bem feito e não nos cabe criticar as suas obras e dizer como ele deveria ter regulado o Universo.

A lembrança de nossas personalidades anteriores teria graves inconvenientes: poderia, em certos casos, humilhar-nos sobremaneira; noutros, poderia exaltar-nos o orgulho e, por isso mesmo, entravar o nosso livre-arbítrio. A fim de nos melhorarmos, concedeu-nos Deus justamente o que nos é necessário e suficiente; a voz da consciência e as nossas tendências instintivas; tira-nos, porém, aquilo que nos pode ser prejudicial.

Acrescente-se, ainda, que, se tivéssemos a lembrança de nossos atos pessoais anteriores, teríamos igualmente a dos alheios, e que um tal conhecimento poderia ter os mais desagradáveis efeitos nas relações sociais. Não havendo sempre razão para nos gloriarmos de nosso passado é, por vezes, uma felicidade que um véu tenha sido lançado sobre ele. Isto concorda perfeitamente com a doutrina dos Espíritos sobre os mundos superiores ao nosso. Nesses mundos onde só reina o bem, a lembrança do passado nada tem de penosa. Eis porque aí é recordada a existência anterior, do mesmo modo que nos lembramos daquilo que fizemos na véspera. Quanto ao estágio que possamos ter feito em mundos inferiores, como já vos disse, não passa de um sonho mau".

14.2 Necessidade da Prática do Bem

Em determinado ponto da sua evolução, o Espírito sente necessidade da prática do Bem, porque essa atitude lhe é mais gratificante. Compreende que o fundamental na sua vida é refletir nos seus atos a grandeza do Pai que o criou. A evolução no Mal já não lhe provoca prazer. As paixões começam a ser dominadas. Os vícios são agora trocados pelas virtudes.

O homem começa a se conhecer. Nesse ponto adquire forças para mergulhar dentro de si, perceber os vícios, as paixões, os defeitos, e começa o combate para substituí-los. À medida que vai anotando sucessos, evolui, e quanto mais evolui, mais apto está para socorrer o seu semelhante e fazer progredir a Humanidade. No homem evoluído, a prática do Bem é uma atitude espontânea, sem forçamentos; ele age com naturalidade. À medida que vai fazendo o seu semelhante feliz, ele também assim se sente. Aliás, é preciso percebermos que a felicidade se encontra em nós mesmos e jamais nas coisas que nos cercam.

14.3 A Formação Cristã da Família

Os Espíritos, quando encarnados, se unem na maioria das vezes pelos laços carnais, por sentimentos de paixão, por interesses materiais, conveniências; tanto é verdade que assistimos a inúmeras separações por falta total de entendimento, ou porque aqueles interesses foram alterados. Os laços espirituais, aqueles que se constituem na mútua afeição, afinidade adquirida através dos tempos, nem sempre são observados pelos seres humanos. Espíritos afins, simpáticos entre si, retornam nos lares da Terra para novas experiências, conclusão de trabalhos deixados em encarnações anteriores e aprimoramento moral e espiritual; e muitas vezes recebem, como filhos, Espíritos necessitados desses exemplos, a fim de instruí-los e educá-los.

Nem sempre, porém, os lares são assim constituídos; por vezes Espíritos necessitados de entendimento mútuo se reencontram para diminuir as desavenças passadas. As uniões familiares são sempre ricas de experiências e oportunidades. É um adestramento extraordinário para os Espíritos, quer os que recebem a tarefa de ser pais, quer os que serão filhos, que evidentemente poderão constituir no futuro sua própria família. A força da união conjugal é tão grande que as famílias se dividem, para na verdade se multiplicarem. A verdadeira família é a família espiritual, portanto, a atividade dentro do lar deve levar os Espíritos para essas conquistas. Respeito entre os cônjuges, conduta irrepreensível, inclusive porque essa afeição mútua deve se estender carinhosamente aos filhos.

Aos filhos compete honrar ao pai e à mãe, como diz Kardec no livro *O Evangelho segundo o Espiritismo*, capítulo XIV; não devem apenas respeitá-los, mas também assisti-los nas suas necessidades; proporcionar-lhes o repouso na velhice; cercá-los de solicitude, como eles fizeram por nós na infância. Deveres e obrigações dos pais para com os filhos, e destes para com os pais, devem ser respeitados. Os Espíritos que assim agirem estarão demonstrando conquistas morais e espirituais. Respeito à pátria que os acolhe, ao trabalho, aos direitos humanos, são características de um lar cristão, porque, como é sabido, a família se constitui na célula que forma uma pátria segura. Dentre as características de um lar cristão não se pode deixar de falar do respeito ao Criador. O lar bem constituído deve religar-se com o Pai Celestial, e isto se faz por uma conduta ilibada, por respeito aos semelhantes e às coisas que estão neste mundo à nossa disposição, servindo-nos para evoluir espiritual e moralmente.

14.4 O Evangelho no Lar

Não nos podemos esquecer da prece, da oração em busca do Pai, irradiando o nosso amor a todas as criaturas necessitadas. A prática do Evangelho no Lar deve ser cultivada porque proporciona o equilíbrio no ambiente doméstico, e nós haurimos forças renovadas para enfrentar as vicissitudes da vida.

A seguir, uma sugestão do roteiro para implantação do Evangelho no Lar:

1º) Escolher um dia da semana em horário determinado, em que seja possível a presença de todos os integrantes da família, ou da maior parte deles. Observar, rigorosamente, esse dia e essa hora da reunião, para facilitar o acompanhamento da espiritualidade.

2º) Iniciar a reunião com uma prece, simples e espontânea, em que, mais que as palavras, tenham valor os sentimentos, não devendo, portanto, ser decorada.

3º) Fazer a leitura, metódica e sequente, de *O Evangelho segundo o Espiritismo.*

4º) Fazer comentários breves sobre o trecho lido, buscando sempre a essência dos ensinamentos de Jesus, para a sua aplicação na vida diária. A reunião poderá ser dirigida pela pessoa que tiver mais conhecimentos doutrinários, a qual deverá incentivar a participação de todos os presentes, apresentando as lições de maneira simples, para que fiquem ao alcance dos de menor compreensão.

5º) Fazer vibrações pelo lar onde o Evangelho está sendo realizado, para os presentes, seus parentes e amigos.

6º) Relembrar sempre que é dever de todos os que procuram viver o Evangelho, concorrer, sem esmorecimento:

a) para a Paz na Terra;

b) para a implantação e a vivência do Evangelho em todos os lares;

c) para o entendimento fraternal entre todas as religiões;

d) para a cura ou melhoria de todos os enfermos, do corpo ou da alma, minorando seus sofrimentos e suas vicissitudes;

e) para o incentivo dos trabalhadores do Bem e da Verdade.

7º) Fazer a prece de encerramento.

14.5 Conclusão

Para encerrar este capítulo, as palavras de Miguel Vives y Vives, contidas no capítulo VI, da 2ª parte do livro *O Tesouro dos Espíritas.*

"Cremos que o espírita, em todas as situações da vida, há de portar-se como bom filho, bom esposo, bom pai, bom irmão e bom cidadão; assim como praticante da lei divina, cujo sentido prático está no ensinamento e no exemplo do Senhor e Mestre: será luz para iluminar os que estão ao seu redor; será mensageiro de paz e de amor para todos; e levará a paz das Moradas da Luz até os homens da Terra."

14.6 Bibliografia

O Evangelho segundo o Espiritismo, Allan Kardec.

O Tesouro dos Espíritas, Miguel Vives y Vives, EDICEL.

Alguns Ângulos dos Ensinos do Mestre, João Nunes Maia, Editora Fonte Viva.

O Principiante Espírita, Allan Kardec.

O Livro dos Espíritos, Allan Kardec.

A Dupla Personalidade, Edgard Armond, Editora Aliança.

Capítulo 15

Lei de ação e reação

15.1 Lei de Ação e Reação

A Lei de Ação e Reação é uma Lei da Física, cujo formulador foi o sábio Isaac Newton. O Espiritismo contribuiu com a informação de que ela também se manifesta na trajetória espiritual de cada um.

Vamos à formulação da Lei, segundo Newton.

A toda ação corresponde uma reação, de mesma força e intensidade, mas em sentido contrário. A seguir, um exemplo didático dessa lei. O que ocorre com um automóvel que se choca frontalmente com um muro de concreto, que suporta o impacto da batida? Os danos serão inevitáveis. Por quê? Vejamos, segundo a Lei de Ação e Reação.

À "ação" da batida, correspondeu a "reação" do muro. Toda a violência do choque voltou ao próprio automóvel, com a mesma intensidade. Se o carro veio em baixa velocidade, os danos serão mínimos. Mas se vinha em alta velocidade...

No aspecto espiritual, para os seres humanos, ocorre um fenômeno semelhante, explicam os instrutores espirituais. A cada ação, igualmente corresponde uma reação, de mesma intensidade, mas em sentido contrário. Se a ação é construtiva, as consequências serão favoráveis. Se a ação é negativa ou destrutiva, a reação vai ser compatível.

A essa explicação é natural cogitar sobre as aparentes exceções a esse enunciado. E aqueles que são virtuosos, e enfrentam uma sucessão de dificuldades? E os outros, criminosos, que passam pela vida como se apenas desfrutassem de riqueza e conforto, sem responder pelos seus atos?

Nesse ponto é necessário ampliar a visão dos acontecimentos. A Lei de Ação e Reação, ao contrário do exemplo do carro que bate no muro, nem sempre, no aspecto espiritual, tem aplicação imediata. Pode ocorrer que um Espírito com virtudes, agora mais preparado, esteja pronto para prestar contas de compromissos passados, assumidos até em outras vidas. E, no caso daqueles que escapam à justiça dos homens, pode-se ter a certeza de que não fogem à Justiça Divina. O acerto se dará, sem dúvida alguma.

Nessa explicação, cabe uma ressalva. Nem todo sofrimento é necessariamente uma expiação. Pode ser uma prova, muitas vezes solicitada pelo próprio Espírito, para adquirir uma experiência que falta ao seu desenvolvimento. Passando por ela com êxito, o mérito é contado em sua trajetória.

15.2 A Evolução do Conceito de Justiça

A Primeira Revelação, com Moisés, trouxe ao ser humano a noção de Justiça de uma forma muito clara. Comenta-se, em geral, que uma das leis vigentes entre os povos da antiguidade, a conhecida Lei de Talião, aquela do "olho por olho, dente por dente", era resquício do barbarismo, da humanidade mais próxima do animal. Mas, se a observarmos no tempo, vai ser possível aferir que, na Antiguidade, a norma de Talião representou um inquestionável avanço.

Tomando o exemplo do furto de um cavalo, o que seria comparável hoje ao desaparecimento de um carro ou de um trator, máquinas utilizadas para o transporte e o trabalho. Nos primórdios da organização social, pelas dificuldades de sobrevivência, esse ato era considerado ofensa tão grande, que o ladrão, se apanhado, mereceria até a morte como punição. Não faltam relatos da história de que atos como esse eram castigados com a perda de uma parte do corpo — a mão, o braço, os olhos.

A Lei de Talião veio dar certa ordem à aplicação da justiça humana. Morrer por haver furtado um animal não seria uma punição desmedida? Perder parte do corpo não seria exagero? A partir desse momento, o ser humano passou a lançar mão de outros critérios: em vez de perder a vida, perderia a liberdade temporariamente, "para aprender a lição". Ou então teria de devolver o que furtou, ou indenizar quem foi prejudicado. Sem dúvida, um avanço, se comparado ao primitivismo anterior.

Com a Segunda Revelação, Jesus apresentou esse assunto em dimensão muito mais elevada. Ao exemplificar o Amor e praticar o Perdão, o Mestre mostrou ao ser humano como interromper a sequência lamentável das consequências da vingança na experiência humana. A pessoa que é capaz de amar e perdoar vivencia a Lei de Ação e Reação no seu patamar mais elevado.

Vamos a outro exemplo prático.

Alguém que tenha sido ofendido e consegue perdoar sai da faixa vibratória de quem lhe tenha procurado causar o mal e se desembaraça de energias espirituais destrutivas. Para quem duvida, vale sugerir uma comparação do cotidiano — quando se é xingado no trânsito, e se responde à mesma altura, como se sente depois? Quando o atingido não se ofende, perdoa quem xingou e segue adiante sem se alterar, como nós nos sentimos depois? A essas respostas, Lei de Ação e Reação pura.

15.3 Liberdade e Responsabilidade

À Justiça trazida por Moisés, ao Amor vivido por Jesus, o Espiritismo veio complementar com a noção de Liberdade. O ser humano é livre para realizar tudo que quiser. Mas, como alertou o apóstolo Paulo, "tudo nos é lícito, mas nem tudo nos convém". O Espiritismo ensina que liberdade e responsabilidade estão unidas inexoravelmente. O ser humano é livre, sim, para realizar tudo o que desejar. Mas tem de responder por todos os seus atos. Não se entenda aqui qualquer tom de ameaça, porque a afirmativa é neutra. Se o ser humano optar pelo caminho do bem, terá todas as consequências dessa realização. Se for pela outra via, responderá igualmente.

É comum dizer que "a liberdade de um acaba quando começa a liberdade do outro". O dito popular não poderia ser mais adequado, por indicar a necessidade do respeito aos direitos alheios na trajetória de cada um. A quem tiver dúvidas de como proceder, basta observar o preceito ensinado por Jesus: "Fazer aos outros o que gostaríamos que fizessem a nós mesmos".

Esta lição é formidável, na medida em que dá a todos, sem exceção, a condição de avaliar por si, sem intermediários ou consultas externas, a condição de decidir de forma mais adequada. Se eu me colocar no lugar do próximo, e pensar "puxa, se fosse comigo, eu não gostaria que fizessem isso comigo", já tenho a resposta de como proceder. Ao contrário, se a conclusão for "ah, eu ficaria muito feliz se fizessem isso para mim", também se sabe como agir.

15.4 Livre-arbítrio e Profecias

A esta altura deste estudo, o leitor pode apresentar uma questão de muita pertinência: se o livre-arbítrio é uma conquista de todo Espírito, como se explicam então os fenômenos de presciência, as chamadas profecias? Seria tudo fraude? Mas há aquelas que se mostraram verdadeiras no tempo. A questão fica mais complicada, não? E o livre-arbítrio? Não se poderia mudar o destino?

O assunto é complexo, merece estudos aprofundados. Uma explicação inicial pode ser dada, compreendendo como as profecias se realizam. O plano espiritual transmite as informações aos profetas, que nada mais são do que médiuns, com a finalidade de auxiliar as pessoas, individualmente ou em uma comunidade, para incentivo e cooperação a determinadas tarefas, de importância geral e amplas consequências.

Se são entidades de esclarecimento, a informação que esses Espíritos vão passar se deve a uma observação atenta do desenvolvimento de fatos atuais e as consequências que advirão deles, se não houver uma alteração de curso. Um outro exemplo do cotidiano, para compreender o que sucede. Suponha dois carros na iminência de uma colisão. Ocorre que os motoristas estão com a vista encoberta, não sabem que um vem de encontro ao outro. Mas um pedestre, que vê as duas vias em que os veículos se movimentam, sabe que haverá a batida. A não ser que um dos dois mude de caminho.

Nos assuntos espirituais, ocorre algo semelhante. Quando não se muda de rota, as profecias, a uma dada época, se realizam no futuro. Mas quando, pelo livre-arbítrio, o ser humano altera seu rumo, nem toda previsão se confirma, por causa da mudança de opinião ou do sentimento dos protagonistas dos acontecimentos. Por isso, tantas profecias não se realizam, apesar de previstas há tanto tempo e virem de fontes respeitáveis.

15.5 Amor, Justiça e Caridade

Em *O Livro dos Espíritos*, encontramos o mecanismo de Ação e Reação apresentado no capítulo "Lei de Justiça, Amor e Caridade". O enunciado é elevado. Talvez, para o nosso estágio atual, a denominação de Ação e Reação seja mais apropriada, por mostrar, de pronto, a consequência de qualquer ato praticado. O enunciado escolhido na Codificação empreendida por Allan Kardec, porém, tem o mérito de ser revelador de como se processa esta lei.

No acerto com a responsabilidade que decorre da liberdade exercida no passado, Deus oferece repetidas oportunidades de ajustamento. Isso é Amor. Para isso o Criador não cobra pressa nas mudanças. Isso é Caridade. Deus julga a "qualidade", o sentimento na transformação. Isso é Justiça. Sempre é tempo para cada um se reconciliar consigo, com os outros, com a própria história.

Pelas reencarnações a Justiça dá essa oportunidade com a bênção do esquecimento a cada existência. Para que não haja humilhação, para que o orgulho não se exalte, para que o livre-arbítrio não enfrente obstáculo. Cada um é livre para agir de acordo com o que sente. Uma prova de Confiança e de Amor que o Criador oferece a cada um, a cada chance.

Não há punição nesse processo. Se a pessoa que abusou de sua inteligência renasce como doente mental, se o déspota revive como escravo ou servo, se o mau rico volta à vida na mendicância, por estranho que pareça, Deus não está castigando. Está simplesmente oferecendo a quem não soube aproveitar bem uma experiência a oportunidade de viver "o outro lado" para o seu próprio aprendizado. É aplicação, no âmbito da Justiça Divina, do "fazer aos outros o que gostaríamos que fizessem a nós" que Jesus ensinou.

15.6 Bibliografia

O Livro dos Espíritos, Allan Kardec.

O Evangelho segundo o Espiritismo, Allan Kardec.

O Céu e o Inferno, Allan Kardec.

Há 2000 Anos, Emmanuel / Francisco Cândido Xavier, FEB.

50 Anos Depois, Emmanuel / Francisco Cândido Xavier, FEB.

Ação e Reação, André Luiz / Francisco Cândido Xavier, FEB.

Almas em Desfile, Hilário Silva / Francisco Cândido Xavier, FEB.

A Vida Escreve, Hilário Silva / Francisco Cândido Xavier, FEB.

Amor e Justiça, Edgard Armond, Editora Aliança.

A Dupla Personalidade, Edgard Armond, Editora Aliança.

Separações Conjugais à Luz do Espiritismo, Edgard Armond, Editora Aliança.

O Livre-Arbítrio, Edgard Armond, Editora Aliança.

Capítulo 16

Esboço do livro
O Evangelho segundo o Espiritismo

16.1 Fundamentos da Parte Religiosa

Em abril de 1864 o Espiritismo entrava numa nova fase: inaugurava-se o aspecto religioso da Doutrina, com o lançamento de *O Evangelho segundo o Espiritismo*. Em sua primeira edição, este livro recebeu o título de "Imitação do Evangelho segundo o Espiritismo".

Embora *O Livro dos Espíritos*, pelo menos em três lugares (Deus, Livro Primeiro, Capítulo I; perfeição moral, Livro Terceiro, capítulo XII; esperanças e consolações, todo o Livro Quarto) trate basicamente de assuntos que dizem respeito à Religião, não está ali demarcado de forma nítida o caminho evangélico como roteiro a ser seguido.

O livro *O Evangelho segundo o Espiritismo* se baseia nos mesmos versículos da *Vulgata Latina*, o Novo Testamento da Bíblia, com a diferença de não se ocupar dos dados históricos e relatos das vivências do Cristo. A obra se atém ao aspecto moral dos ensinamentos de Jesus, conforme explica o codificador Allan Kardec, no item I da Introdução do livro.

O Evangelho segundo o Espiritismo veio reavivar as palavras de Jesus, que já se encontravam completamente deturpadas. Trouxe de novo, até nós, a simplicidade do Cristianismo, recordando os primeiros dias da mensagem de Jesus na Terra, em que a caridade era ainda o perfume simples que envolvia os primeiros núcleos cristãos. Aliás, pode-se até perceber que esses núcleos iniciais (as chamadas **igrejas** relatadas no Novo Testamento) eram muito parecidos com os mais simples Centros Espíritas que conhecemos hoje, onde havia inclusive intercâmbio mediúnico feito com muita naturalidade.

No livro *Roteiro*, psicografado pelo médium Francisco Cândido Xavier, o Espírito Emmanuel diz que *"antes de Jesus não existiam os padrões de perfeição moral para indicar aos homens o caminho regenerador e santificante"*. Jesus, portanto, trouxe um novo código de conduta (o Evangelho) e, quase 2.000 anos depois, os seres humanos já estavam novamente agindo às cegas, como se jamais tivessem ouvido falar do Evangelho e das normas de conduta ali contidas. *O Evangelho segundo o Espiritismo* veio recordar esse código sublime.

Jesus estabeleceu o que poderíamos chamar de "padrões de perfeição". Padrões que podem ser seguidos pelo ser humano, desde que o homem entenda a profundidade do Evangelho. É ainda o Espírito Emmanuel que diz que *"quando Jesus confiou ao mundo a mensagem da Boa Nova (Evangelho), a Terra, sem dúvida alguma, não se achava desprovida de cultura. Ao contrário, a cultura já era bastante ampla"*.

Na Grécia, por exemplo, as artes haviam atingido um ponto culminante. Em Roma, as bibliotecas públicas divulgavam Ciência, Filosofia e até mesmo Religião. A Política era uma constante na vida daqueles povos. Professores eméritos conservavam tradições e ensinamentos, cultuando a inteligência. Havia Cultura, Instrução. O que não havia era Educação.

Lado a lado com essa Cultura coexistiam costumes estranhos.

A mulher recebia tratamento inferior ao que se dispensava aos cavalos. O cativeiro, consagrado por lei, era um flagelo comum. Se alguém errasse, era marcado a ferro candente e submetido à escravidão. Os pais podiam vender os filhos. Vazar os olhos dos vencidos e aproveitá-los em trabalhos domésticos era prática comum. As crianças fracas eram quase sempre punidas com a morte. Os enfermos, condenados ao abandono. As adúlteras, apedrejadas. Os governantes se arrogavam o direito de reduzir os governados à mais extrema penúria, sem que disso tivessem de prestar contas a ninguém. Nos circos, feras devoravam homens sob o aplauso geral.

Com Jesus começa uma nova era para a Humanidade sofredora de todos os tempos. Condenado à morte, Jesus nada reclama. Roga ao Pai o perdão para aqueles que o insultaram, que o feriram, que o condenaram. Assim Jesus dissemina no ânimo de seus seguidores novas disposições espirituais. Iluminados pela divina influência, os discípulos do Mestre se consagram ao serviço de seus semelhantes.

Simão Pedro e seus companheiros dedicam-se aos pobres e doentes. Aliás, se encontra o relato desse trabalho gigantesco dos primeiros discípulos no livro *Paulo e Estêvão*, de autoria de Emmanuel, psicografado por Francisco Cândido Xavier.

Instituem-se casas de socorro para os necessitados. Abrem-se escolas de evangelização.

Atormentados, perseguidos, torturados, trancafiados nas prisões ou jogados às feras, os aprendizes do Evangelho, os seguidores do Cristo ensinavam a compaixão e a solidariedade, a bondade e o amor, a fortaleza moral e a esperança. Ensinavam e testemunhavam o perdão. Grupos de servidores se devotavam ao trabalho remunerado para resgatar, com o produto desse trabalho, irmãos em cativeiro.

Senhores de fortuna, tocados em seus sentimentos, devolvem espontaneamente escravos ao mundo livre. Doentes recebem tratamento e medicação. Mendigos encontram teto. Órfãos são recebidos em novos lares.

Surge na Terra uma nova mentalidade. Aparece o coração educado. A gentileza e a afabilidade passam a prevalecer como norma de boas maneiras. Sob a inspiração de Jesus, homens de pátrias e raças diferentes se encontram com alegria e se chamam de irmãos.

Lamentavelmente toda essa beleza do Cristianismo Primitivo não se perpetuou ao longo dos séculos. Muitas verdades foram adulteradas. Muitas palavras falsas foram atribuídas ao Mestre Jesus.

No ano 607, o imperador romano Focas decidiu instituir o papado, a ascendência do bispo de Roma sobre todos os demais. É assim que se encontra este episódio no livro *Emmanuel*, do mesmo autor espiritual, psicografado por Francisco Cândido Xavier:

"(...) Somente no princípio do século VII, a presunção dos prelados romanos encontrou guarida no famigerado imperador Focas, que outorgou a Bonifácio a primazia injustificável de bispo universal. Consumada essa medida, que facilitava ao orgulho e ao egoísmo toda sua nociva expansão, têm-se levado a efeito, até hoje, os maiores atentados, que culminaram, em 1870, na declaração da infalibilidade papal.

Muitas vezes, em nome do Cristo, a tirania política e o despotismo intelectual organizaram guerras, atearam fogueiras, incentivaram a perseguição e entronizaram a morte".

Godofredo de Bouillon e Tancredo de Siracusa, no ano de 1096, alegando agir como defensores de Jesus, organizaram um poderoso exército para reconquistar a Terra Santa, instituindo as cruzadas. E milhares de pessoas morreram sob as espadas que se intitulavam "defensoras do Cristo".

Em 1231 o papa Gregório IX consolidou o Tribunal da Inquisição, fortalecendo criminosas flagelações no campo da fé religiosa. Dizendo-se convictos de que estavam defendendo a continuidade e a integridade da doutrina cristã, bispos e sacerdotes julgavam e puniam com a morte valorosos pioneiros do progresso planetário, tais como Johann Huss, na Alemanha, em 1415; Giordano Bruno, em Roma, em 1600; e tantos outros. A doutrina cristã foi totalmente modificada, distanciando-se muito daquela pureza encantadora dos primeiros dias.

Essa distorção dos caminhos cristãos foi lembrada aqui para destacar a importância de *O Evangelho segundo o Espiritismo*, que, a partir de 1864, trouxe para a humanidade a revivescência das palavras do Mestre. Relembra a simplicidade dos ensinamentos cristãos, sem deturpações. Retorna às origens, à fonte, buscando o manancial.

Neste livro, Allan Kardec estuda trechos do Novo Testamento e os apresenta com comentários próprios e, também, com comentários assinados por Espíritos Superiores. E todos esses comentários clarificam a mensagem cristã e a colocam ao alcance do mais simples dos seres humanos. A seguir, alguns exemplos extraídos desse livro, de forma bastante sintética e resumida:

"Não penseis que eu tenha vindo destruir a lei ou os profetas; não os vim destruir, mas cumpri-los. Porquanto, em verdade vos digo que o Céu e a Terra não passarão sem que tudo o que se acha na lei esteja perfeitamente cumprido". (Mateus, 5:17-18)

"Na lei mosaica, há duas partes distintas: a lei de Deus promulgada no Monte Sinai, e a lei civil ou disciplinar, decretada por Moisés. Uma é invariável; a outra, apropriada aos costumes e ao caráter do povo, modifica-se com o tempo.

(...) Jesus não veio destruir a lei, isto é, a Lei de Deus; veio cumpri-la, isto é, desenvolvê-la, dar-lhe o verdadeiro sentido e adaptá-la ao grau de adiantamento dos homens." (Trechos do comentário de Allan Kardec).

"Um dia, Deus, em sua inesgotável caridade, permitiu que o homem visse a verdade varar as trevas. Esse dia foi o advento do Cristo. Depois da luz viva, voltaram as trevas. Após alternativas de verdade e obscuridade, o mundo novamente se perdia. Então, semelhantemente aos profetas do Antigo Testamento, os Espíritos se puseram a falar e a vos advertir. O mundo está abalado em seus fundamentos; reboará o trovão. Sede firmes." (Trecho de comentário dos Espíritos Superiores.)

"Aprendestes o que foi dito: 'Amareis vosso próximo e odiareis a vossos inimigos'. Eu, porém, vos digo: Amai os vossos inimigos; fazei o bem aos que vos odeiam e orai pelos que vos perseguem e caluniam, a fim de serdes filhos do vosso Pai que está nos céus e que faz se levante o Sol para os bons e para os maus e que chova sobre justos e injustos. Porque, se só amardes os que vos amam, qual será a vossa recompensa?"(Mateus, 5: 43-46)

"(...) Amar os inimigos não é, portanto, ter-lhes uma afeição que não está na natureza, visto que ao contato de um inimigo nos faz bater o coração de modo muito diverso do seu bater ao contato de um amigo. Amar os inimigos é não lhes guardar ódio nem rancor nem desejos de vingança; é perdoar-lhes sem pensamento oculto e sem condições o mal que nos causem; é não opor nenhum obstáculo à reconciliação com eles; é desejar-lhes o bem e não o mal..." (Trecho de comentário de Allan Kardec)

"(...) Penoso vos é o sacrifício de amardes os que vos ultrajam e perseguem; mas, precisamente, esse sacrifício é que vos torna superiores a eles. Se os odiásseis, como vos odeiam, não valeríeis mais do que eles..." (Trecho das instruções dos Espíritos Superiores).

Nos trechos transcritos observa-se a lógica que dita a organização dos capítulos de *O Evangelho segundo o Espiritismo.*

Cada capítulo inicia por citações extraídas dos evangelhos. Seguem-se os comentários de Kardec, analisando a moral cristã à luz da nova revelação. Quase sempre estes comentários visam interpretar os ensinamentos do Cristo sob a ótica das leis da vida espiritual, valorizando a capacidade de Jesus em trazer verdades compatíveis com o adiantamento da humanidade da época em que viveu, sem deixar de se referir simbolicamente às realidades do mundo dos Espíritos.

O final de cada capítulo reúne as mensagens dos Espíritos Superiores que ampliam e detalham as lições evangélicas, ensinando a sua prática para o homem moderno.

A maioria dos temas dos capítulos foi extraída do Sermão do Monte, o principal pronunciamento público de Jesus, que pode ser lido no Evangelho de Mateus, capítulos V a VII.

Os primeiros capítulos de *O Evangelho segundo o Espiritismo* correspondem às famosas bem-aventuranças, parte inicial do Sermão do Monte que resume o quadro de valores morais do novo homem terrestre, o cristão.

16.2 Bibliografia

O Evangelho segundo o Espiritismo, Allan Kardec.

Roteiro, Emmanuel / Francisco Cândido Xavier, FEB.

Há Dois Mil Anos, Emmanuel / Francisco Cândido Xavier, FEB.

Emmanuel, Emmanuel / Francisco Cândido Xavier, FEB.

Capítulo 17

A vida moral com base no Evangelho de Jesus

17.1 O Sermão do Monte

Entre os temas mais importantes contidos no Evangelho há que se destacar o Sermão do Monte. Através desse maravilhoso discurso, Jesus, o Mestre de Amor e Simplicidade, marcou indelevelmente o coração dos homens, transmitindo-lhes a sua Doutrina de libertação.

Quando Jesus pronunciou o Sermão do Monte, não se estava dirigindo somente àquelas pessoas presentes em Cafarnaum, mas, é claro, dirigia-se a todos os Espíritos, encarnados e desencarnados. Os de boa vontade captaram imediatamente a mensagem. No entanto os seus ensinamentos continuam vivos à disposição dos corações que dele começam a sentir necessidade, isto é, daqueles corações receptivos.

Jesus inicia o Sermão do Monte exaltando as bem-aventuranças, exortando à humildade, à mansuetude, à prática da justiça, à misericórdia e à pacificação. Oferece o Reino dos Céus se o nosso comportamento estiver pautado dentro desses ensinamentos.

Continuando o Sermão do Monte, declara Jesus que os seus discípulos são o sal da terra e a luz do mundo, ensinando com isso que os seus seguidores preservariam os seus ensinamentos pelos exemplos edificantes e transmitiriam os conhecimentos adquiridos d'Ele com pureza cristalina.

Não vim destruir a lei — diz o Mestre —, ou desmentir os profetas, mas tão-somente ratificar os ensinamentos, e, mais do que isso, ampliá-los. Assim, ampliou o quinto mandamento, o sexto, condenou a pena de Talião, exortou-nos a sermos tolerantes e pacientes, condenou a hipocrisia e a simulação.

Recomendou o exercício da caridade sem ostentação; concitou a nos precavermos contra os falsos profetas e enganadores e mostrou a imperiosa necessidade da oração, para que através dela nos possamos religar ao Pai, além de levar socorro aos necessitados.

Finalmente, mostrou o destino glorioso dos que edificam a vida espiritual sobre rocha firme e, em contraposição, a triste sina dos que edificam suas vidas sobre as ilusões do mundo.

Ensinou nesse discurso excelso o "Pai Nosso", para que através dele pudéssemos entrar em contato com o Pai Celestial.

17.2 As Parábolas

Os rabis eram acatados pelo povo como mestres de sabedoria, e tinham uma forma singular de transmitir conhecimentos, fazendo-o através das parábolas, as quais encerram uma narrativa onde a ideia fundamental era exposta várias vezes, fazendo-se comparações.

São encontradas no Evangelho oito parábolas relacionadas com os usos e costumes da época de Jesus, dez relacionadas com assuntos domésticos e de família e dez relacionadas com a vida rural.

Em todas as parábolas há ensinamentos úteis ao nosso esclarecimento.

Nota: *O estudo do Sermão do Monte, bem como o estudo e interpretação das parábolas, o leitor poderá fazê-lo consultando O Evangelho segundo o Espiritismo e as obras Iniciação Espírita e O Redentor, editadas pela Editora Aliança, além de outras obras especializadas.*

17.3 A Responsabilidade Individual: Semeadura Livre, Colheita Obrigatória

"E assim, tudo o que quereis que os homens vos façam, fazei-o também vós a eles. Porque esta é a lei e os profetas." (Mateus, 7:12).

"Tratai todos os homens como quereríeis que eles vos tratassem." (Lucas, 6:31).

O Espiritismo traz ensinamentos preciosos de libertação e de responsabilidade. No Espiritismo nada é proibido, porque a Doutrina ensina que o livre-arbítrio nos leva a tomar decisões e assumir a responsabilidade das atitudes tomadas. Cada um, evidentemente, faz suas escolhas de acordo com a sua consciência, de acordo com a sua evolução. Assim, muitas coisas deixam de ser feitas e outras o serão. É claro que sempre assumimos a responsabilidade de nossos atos.

Nada mais justo. Semeadura livre, colheita obrigatória. Efetivamente, essa é a mensagem do Espiritismo, permitindo toda liberdade para experimentarmos, toda liberdade para agirmos. Não se dirá que o Pai negou possibilidades; elas são concedidas prodigamente e se registram pelas inúmeras encarnações e oportunidades. Nada mais compreensível do que, ao fazermos experiências, cometermos falhas, transgressões às leis criadas pelo Pai Celestial para reger todas as coisas. Essas transgressões podem ser espontâneas ou involuntárias.

As de caráter involuntário, próprias da ignorância evolutiva em que nos encontramos, embora acarretem compromissos perante as Leis Divinas, não têm a mesma força de responsabilidade das transgressões que levam o caráter de espontâneas, estas apoiadas em nossa decisão consciente, e muitas vezes cometidas por Espíritos que conhecem a Lei Moral. Claro que aqui entra um agravante: a responsabilidade de quem conhece, embora não tenha transformado integralmente a sua estrutura ética, e, por isso, a sua conduta ainda não reflete os conhecimentos, que no caso são apenas teóricos.

Quem não plantou rosas não poderá colhê-las no futuro. Cada um colhe aquilo que plantou, eis aí a causa dos sofrimentos, das ansiedades e angústias.

17.4 A Reforma Íntima, Objetivo da Escola de Aprendizes do Evangelho

A Escola de Aprendizes do Evangelho é uma proposta que a Aliança Espírita Evangélica faz a todos. Reúne um grupo de pessoas, todas interessadas num mesmo propósito, o de se melhorar espiritualmente, de descobrir novos valores em si mesmas. O grupo assim constituído caminha para a descoberta da essência da vida, do porquê das coisas, buscando resposta às dúvidas e procurando soluções. Nessa luta, o grupo se socorre mutuamente e o espírito de fraternidade passa a reinar entre pessoas que não se conheciam e que agora, unidas pelo mesmo ideal, passam a socorrer a sociedade.

Todo o nosso conhecimento armazenado até agora, e que forma a nossa sabedoria e nosso ser, isto é, a nossa personalidade, é colocado em avaliação na Escola de Aprendizes do Evangelho. Passamos a analisar a nossa conduta, o nosso procedimento, e começamos a reestruturar a nossa personalidade, assimilando novos entendimentos, novos conhecimentos e mais alta noção de valores morais.

17.5 A Vivência da Doutrina Espírita

Como ficou claro em capítulo anterior, o Espiritismo tem três aspectos: científico, filosófico e religioso. São aspectos que nos levam a conhecer uma doutrina reveladora dos pontos essenciais para a libertação do Espírito. Como se vê, não podemos ficar presos a aspectos fenomênicos, o que, sem dúvida, atrai inúmeras pessoas; nem podemos ficar presos a intermináveis elucubrações filosóficas nem a aspectos religiosos de caráter poético.

O Espiritismo é doutrina dinâmica que acompanha a evolução do ser, ou melhor, lhe prepara os caminhos maravilhosos do amanhã, por isso não é sectarista, é doutrina essencialmente cristã. A vivência da Doutrina Espírita é que deve ser cultivada pelos espíritas, mostrando através da nossa conduta a excelência desses postulados. O espírita não é um homem comum, e isso por força dos esclarecimentos recebidos através da Codificação de Kardec; assim, é de esperar que a sua conduta não seja igualmente comum. Sendo uma doutrina essencialmente cristã, assim será o espírita. Exemplificada através de suas atitudes, em cada instante da sua vida, os ensinamentos cristãos, adotando a máxima "Fora da Caridade não há Salvação", uma caridade humilde repleta de amor ao próximo.

"Por muito vos amardes saberão todos que sois meus discípulos" é sem dúvida o procedimento mais correto para espelhar essa doutrina.

"... Caridade prática, caridade para o próximo como para si mesmo. Em uma palavra, caridade para com todos e amor de Deus sobre as coisas, porque o amor de Deus resume todos os deveres, e porque é impossível amar a Deus sem praticar a caridade, da qual Ele faz uma lei para todas as criaturas." (Capítulo 10, item 18 de O Evangelho segundo o Espiritismo).

Espera-se, portanto, que o espírita tenha uma conduta clara e irrepreensível no seu lar, nas ruas, no seu trabalho, enfim, no relacionamento com o seu semelhante, servindo e contagiando a todos pela sua alegria de viver.

Como nos diz Miguel Vives y Vives:

"O espírita é o consciente construtor de uma nova forma de vida humana na Terra e de vida espiritual no Espaço; sua responsabilidade é proporcional ao seu conhecimento da realidade, que a Nova Revelação lhe deu; seu dever de enfrentar as dificuldades atuais, e transformá-las em novas oportunidades de progresso, não pode ser esquecido um momento sequer; ESPÍRITAS, CUMPRAMOS O NOSSO DEVER".

17.6 Bibliografia

O Evangelho segundo o Espiritismo, Allan Kardec, Cap. X, item 18.

O Tesouro dos Espíritas, Miguel Vives y Vives, Cap. VI da 2ª parte, EDICEL.

O Evangelho segundo Mateus, Caps. 5, 6 e 7.

O Redentor, Edgard Armond, Caps. 34 e 35, Editora Aliança.

Anexos

Biografias

CAMILLE FLAMMARION

Nasceu em Montigny-Le-Roy (Alto Marne), França, no dia 26 de fevereiro de 1842 e desencarnou em Juvissy, no mesmo país, no dia 4 de junho de 1925. Foi um dos mais destacados astrônomos do seu tempo.

Convertendo-se ao Espiritismo, foi amigo pessoal e dedicado de Allan Kardec, tendo sido escolhido para proferir as derradeiras palavras à beira do túmulo do codificador, quando teve a oportunidade de chamá-lo de "o bom senso encarnado".

Dizia Gabriel Delanne que ele era **"um filósofo enxertado em sábio"** e afirmava o grande historiador Michelet que ele se havia tornado o **"poeta dos céus"**.

Foi autor de muitas obras literárias, dentre as quais destacamos *Pluralidade dos Mundos Habitados*, escrito quando ele contava com menos de vinte anos, e *A Morte e seus Mistérios*.

Flammarion foi um exemplo dignificante de trabalho, ação e devotamento a um ideal.

WILLIAM CROOKES

Cientista inglês, nascido em 17 de junho de 1832 e desencarnado em 4 de abril de 1919, membro da Sociedade Real de Londres, autor de várias descobertas, entre as quais a matéria em seu estado radiante, foi um dos grandes pesquisadores dos fenômenos espíritas, submetendo-os a rigorosa observação científica.

As fascinantes materializações de Katie King, através da médium Florence Cook, realizadas sob controle da mais avançada instrumentação da época, se encontram descritas no livro de sua autoria *Fatos Espíritas*.

Em 1898, proferiu um discurso no Congresso da Associação Britânica, onde afirmou serenamente:

"Trinta anos se passaram desde que publiquei as atas das experiências tendentes a mostrar que, fora dos nossos conhecimentos científicos, existe uma força posta em atividade, por uma inteligência diferente da inteligência comum a todos os mortais. Nada tenho que retratar dessas experiências e mantenho as minhas verificações já publicadas, podendo mesmo a elas acrescentar muita coisa".

CÉSAR LOMBROSO

Nasceu em Verona, Itália, a 6 de novembro de 1835 e desencarnou em 19 de outubro de 1909. Foi um grande médico e antropologista. Em 1882, em seu opúsculo *Studi sull'ipnotismo* ridicularizava as manifestações espíritas; entretanto, em 1888 publicava, no jornal *Fanfulla della Domenica*, um artigo em que se mostrava menos intransigente, salientando, após breve raciocínio, lógico e cheio de bom senso: **"Quem sabe se eu e meus amigos, que rimos do Espiritismo, não laboramos em erro".**

Em 1891, dispôs-se a pesquisar os fenômenos na condição de crítico e, convencendo-se da veracidade incontestável dos fatos, propôs-se a uma série de pesquisas com a médium Eusápia Palladino, que se encontram descritas no livro de sua autoria *Hipnotismo e Mediunidade.*

Sempre fiel ao método experimental, legou aos espíritas um excelente acervo de esclarecimentos sobre a mediunidade e o vasto campo fenomenológico.

ERNESTO BOZZANO

Nasceu em Gênova, Itália, em 1861, e desencarnou nessa mesma cidade em 7 de julho de 1943. Com dezesseis anos de idade já se interessava por temas abrangendo assuntos filosóficos, astronômicos, paleonto-lógicos e ciências naturais. Era positivista-materialista, conforme ele mesmo se confessou, até conhecer o Espiritismo. As obras de Allan Kardec, Léon Denis, Gabriel Delanne, Paul Gibier, William Crookes, Russel Wallace, Du Prel, Alexandre Aksakof e outros espíritas, ajudaram-no a acreditar no Espiritismo. Foi polemista, contando sempre com elevados recursos de expressão, escreveu, inicialmente, o artigo *"Espiritualismo e Crítica Científica"*. Depois deixou-nos os seguintes livros: *Em Defesa do Espiritismo, Hipótese Espírita e a Teoria Científica, Dos Casos de Identificação Espírita, Dos Fenômenos Premonitórios, A Primeira Manifestação de Voz Direta na Itália.* Estas outras obras foram vertidas para o português: *Animismo ou Espiritismo, Pensamento e Vontade, Os Enigmas da Psicometria, Metapsíquica Humana, A Crise da Morte, Xenoglossia e Fenômenos Psíquicos no Momento da Morte.*

LÉON DENIS

Segundo Herculano Pires, foi o consolidador do Espiritismo que desenvolveu estudos doutrinários e impulsionou o movimento espírita na França e no mundo, aprofundando-o o seu aspecto moral.

Foi o esteio de Kardec no campo filosófico, autodidata que se impôs como conferencista e escritor.

Nascido em 1º de janeiro de 1846, na antiga província francesa de Lorena, desencarnou em Tours em 12 de abril de 1927.

Dentre as suas obras destacamos *O Grande Enigma; O Problema do Ser, do Destino e da Dor; Joana D'Arc Médium; No Invisível; O Porquê da Vida; O Além e a Sobrevivência do Ser; Cristianismo e Espiritismo; Depois da Morte,* entre outros.

No dia 6 de setembro de 1925, na abertura do 3º Congresso Espírita Internacional, em Paris, Denis, seu presidente, defende o aspecto religioso do Espiritismo como o fundamental.

Suas obras, cuja profundidade filosófica e beleza poética empolgam o leitor, são um legado de luz cujo conteúdo não pode ser desconhecido do espírita.

EURÍPEDES BARSANULFO

Nasceu em 1º de maio de 1880 e desencarnou no dia 1º de novembro de 1918, na cidade mineira de Sacramento, sendo o terceiro de numerosa prole de sete homens e oito mulheres.

Espírito evoluído, afeiçoa-se a todos, e seu coração era uma fonte de bondade, daí ter recebido, na história do Espiritismo no Brasil, o cognome de "Apóstolo do Triângulo Mineiro". Foi jornalista, vereador, professor e secretário da Irmandade de São Vicente de Paulo, mantendo esse ritmo de trabalho até os 25 anos de idade (1905), ocasião em que a espiritualidade lhe enseja um encontro com o Espiritismo.

A primeira obra espírita com a qual teve contato foi *Depois da Morte*, de Léon Denis, que provocou nele drásticas alterações íntimas. Aceitara os princípios espíritas sem lhes opor barreiras. Alguns dias depois, no lugarejo de Santa Maria, na residência do seu tio sr. Honorato Ferreira da Cunha, as suas convicções se consolidam ao receber uma mensagem do dr. Bezerra, através do médium Mariano da Cunha, seguida por uma outra ditada por São Vicente de Paulo.

Ato contínuo, comunicou ao Padre Mara que deixava a fé católica, fato que lhe valeu incompreensão entre seus pares.

Fundou o Colégio Allan Kardec em 1907, em uma região onde a maioria dos estudantes não tinha recursos, e Eurípedes nada lhes cobrava.

Sem jamais impor castigos, fazia-se amigo dos alunos e era respeitado. Ao lado da instrução escolar, havia o interesse na formação de corações virtuosos e no despertar do sentimento religioso.

Em bem pouco tempo o Colégio Allan Kardec se tornou respeitado, não obstante ser uma instituição espírita, começando a receber alunos de outras cidades: Uberaba, Franca, Ribeirão Preto etc.

Possuidor de mediunidade curadora, não poupava esforços em assistir os enfermos, e, por isso, a cidade humilde se tornou famosa. Nela desembarcavam, diariamente, centenas de enfermos, a maioria trazida em velhas carroças puxadas por bois ou no lombo de animais de carga, para serem medicados pelo médium Eurípedes.

Em 1918, quando a terrível gripe pneumônica se espalhava pelo mundo, tendo surgido inicialmente na Espanha, daí o nome *gripe espanhola*, Eurípedes se desdobrou no atendimento gratuito aos enfermos, que o procuravam às centenas.

No dia 23 de outubro de 1918 Eurípedes caiu enfermo atingido pelo terrível vírus.

Vejamos como Odilon Ferreira, testemunha ocular dos momentos derradeiros de Eurípedes, nos conta a passagem do "Apóstolo do Triângulo Mineiro" para a espiritualidade:

"Mas ele não quis parar de trabalhar, socorrendo os outros.

Com febre alta, roxo e cansado, Eurípedes receitava e orientava o serviço na farmácia. Na noite de 31 de outubro de 1918 ele me disse, muito abatido, querendo dar-me uma receita que eu devia preparar: 'Odilon, raiz de ... raiz de ...' e foi caindo da cadeira. Eu, que estava mais próximo, procurei ampará-lo, impedindo a queda; os outros auxiliares correram, também, para socorrê-lo. Ele começou a entrar em estado de coma, mas teve tempo de pedir um banho. Levamo-lo para o banheiro. Terminado o banho, rápido, conduzimo-lo ao leito. Aí ele começou a roncar e, já em estado de coma, ficou até a meia-noite, quando, abrindo os olhos e sorrindo disse: "Graças, Senhor, estou salvo!" Todos nós julgamos que ele dava graças a Deus por estar livre da doença. Ficamos muito alegres. Os alunos, que lá estavam, foram para o quintal e cantaram o hino do Colégio Allan Kardec. Eu e outros saímos para o descanso, ficando muitas pessoas que não teriam de trabalhar na farmácia no dia seguinte.

O apóstolo, porém, continuou no leito assistido por sua mãe, dona Meca, que também se encontrava gripada. Eurípedes Barsanulfo, então, lhe disse, respirando com dificuldade:

— Se tiver de fechar a farmácia, feche-a, mas não o colégio. Desejo que meu corpo seja enterrado em sepultura rasa... Que o caixão seja comum, e vistam meu corpo com roupa velha...

Sua mãe, em lágrimas, beijou-lhe a face, concordando. E veio para a sala, onde foi amparada por "seu" Mogico, enquanto o filho muito amado ressonava. Dona Meca, então, minutos depois, ouviu o Espírito dr. Bezerra de Menezes dizer:

— Vá ao quarto ver seu filho. Ele está se desprendendo...

Ela foi, pôs a mão na cabeça de Eurípedes Barsanulfo e o apóstolo desencarnou. Aguardavam-no os Mensageiros de Jesus. Eram seis horas da manhã do dia 1º de novembro de 1918.

A notícia comoveu os habitantes de Sacramento. Imensa multidão formou-se logo à frente da casa de "seu" Mogico. Quem vestiu o corpo de Eurípedes Barsanulfo e o colocou no caixão foi Edalides Milan, irmã do médium, auxiliada por Lourival, ex-aluno do Colégio Allan Kardec. Foi enterrado em sepultura rasa, conforme seu desejo.

O corpo do apóstolo foi levado da residência de "seu" Mogico, à tarde, sob uma chuva fina e persistente. O trajeto, aproximadamente, era de um quilômetro e meio. Milhares de pessoas acompanharam o enterro..."

CAIRBAR DE SOUZA SCHUTEL

Nasceu em 22 de setembro de 1868, à rua do Ouvidor, no Rio de Janeiro, sendo neto de suíços-franceses e desencarnou no dia 30 de janeiro de 1938.

Aos nove anos viu-se órfão de pai, e, seis meses após, sua mãe desencarnou em consequência de um parto. O seu avô, dr. Henrique Schutel, tomou-o aos seus cuidados, matriculando-o no Colégio Pedro II, onde estudou até a segunda série.

Na escola não foi um bom aluno; era irriquieto e travesso. Entretanto, quando decidia tirar boas notas, ninguém o alcançava.

Muito cedo fugiu de casa, decidido a não estudar mais, indo para a residência de uma irmã de criação. Nessa época, sentindo-se adulto, empregou-se numa farmácia, e assim estaria escolhida a profissão que conservaria por toda a vida.

Mudando de ambiente, mudou radicalmente de vida. Aos 17 anos já era um farmacêutico prático de respeito; ativo, honesto e inteligente, captava a confiança integral dos patrões.

Afastando-se do Rio de Janeiro, esteve trabalhando em Piracicaba e em Araraquara, dirigindo-se finalmente para Matão, onde se radicou. Sempre voltado ao trabalho, deu um grande impulso à cidade, que, graças à sua influência benéfica, foi elevada à condição de município em 1899, tendo sido Cairbar o seu primeiro prefeito; com os seus próprios recursos, construiu o prédio da Câmara Municipal.

A sua conversão ao Espiritismo foi um processo lento e cauteloso. Após ter recebido uma mensagem de D. Pedro II, em uma sessão na casa do dr. Calixto de Oliveira, que o alertava sobre a sua importante tarefa, mandou buscar no Rio os livros básicos da Codificação, e, em 15 de julho de 1905, fundou o Centro Espírita Amantes da Pobreza, um ano após sua conversão.

Como era de esperar, os combates contra ele não tardaram. O padre João Batista Van Esse, ultramontano e reacionário, foi o seu primeiro desafeto gratuito.

Insensível aos ataques, trabalhava incessantemente no atendimento aos necessitados, quer como farmacêutico, quer como dirigente do Centro Espírita. Em 15 de agosto de 1905 lançou o jornal *O Clarim*, até hoje em circulação por todo o Brasil.

Impossibilitado de enfrentar o grande espírita, Van Esse solicitou o concurso de arcebispos e padres que vieram do exterior, sem nada conseguir. Desesperado, chamou Schutel a debates públicos, organizou um boicote a sua farmácia, e conseguiu uma ordem política para fechar o Centro. Cairbar jamais se atemorizou. Aos argumentos opunha argumentos mais fortes e à violência respondia com amor.

Vencido, Van Esse foi transferido para Araraquara. Ao partir dirigiu-se à residência de Schutel para as despedidas:

— Schutel, vim despedir-me!... Brigamos e nenhum logrou convencer o outro. Eu, entretanto, estou convencido de que você é um homem de bem...

— Pudera! Não fosse eu espírita...

— ... Sincero em sua crença.

— Claro. Não defendesse eu a verdade!

— A verdade — replicou Van Esse — penso estar comigo. Mas não discutamos agora. Vou deixar Matão. Não quero levar nem deixar ressentimentos.

— De mim não levará nenhum, porque o espírita perdoa sempre.

— Perdoemo-nos, um ao outro, os nossos excessos, suplicou Van Esse.

— Por mim, tudo desculpado, embora os excessos não partissem de mim...

— Fiquemos bons amigos...

— Bons amigos e irmãos em Cristo, embora cada um O procure por caminho diferente.

— Você é um homem de bem, finalizou Van Esse.

Cingiram-se num forte abraço e Van Esse oferece a Cairbar uma Bíblia com expressiva dedicatória.

Schutel realizou um trabalho magnífico junto aos obsidiados, recolhendo-os em seu próprio lar. Em 1912 chegou a alugar novas dependências para abrigá-los.

Casou-se, mas não teve filhos. Sua esposa, dona Maria Elvira da Silva, acompanhou-o em suas tarefas, e desencarnou em 1918.

Em 25 de fevereiro de 1925 saiu o primeiro número da *Revista Internacional de Espiritismo*, fundada por Cairbar Schutel.

Durante muitos anos atuou como conferencista, percorrendo diversas cidades.

Sua obra literária, que totaliza 15 títulos, abrange os três aspectos doutrinários: *Histeria e os Fenômenos Psíquicos, Médiuns e Mediunidade, Gênese da Alma, O Diabo e a Igreja, Materialismo e Espiritismo, Parábolas e Ensinos de Jesus, O Espírito do Cristianismo, Vida e Atos dos Apóstolos, Interpretação Sintética do Apocalipse, O Batismo* e outros.

Desencarnou aos 70 anos, no dia 30 de janeiro de 1938, às 16h15. Vinte minutos após o seu passamento, Urbano de Assis Xavier sentiu a sua presença: "Urbano, conforte o pessoal, estou satisfeitíssimo!".

No dia seguinte, pela manhã, quando seu corpo estava para ser trasladado, Schutel comunicou-se através de Urbano:

— "Não queria comunicar-me para não desgastar mais o Urbano, mas, eu que preguei tanto a vida após a morte, aqui estou para dar o testemunho da imortalidade..."

E confortou a todos conversando com grande emoção e firmeza.

ADOLFO BEZERRA DE MENEZES

Sua biografia, editada pela Editora Aliança, sob o título *Bezerra de Menezes, O Médico dos Pobres*, de autoria de Francisco Acquarone, deve ser lida por todo espírita que deseja viver o Espiritismo Religioso.

Se Flammarion desenvolveu com propriedade a ciência espírita, se Léon Denis aprofundou e lançou luzes sobre a filosofia, devemos a Bezerra de Menezes a abordagem do aspecto religioso que se traduziu em sua vida de exemplos. Bezerra foi, sem sombra de dúvida, o precursor do Espiritismo Religioso, a quem devemos o florescimento do Evangelho no Espiritismo brasileiro, repleto de obras assistenciais e de procedimentos pautados nas virtudes ensinadas pelo Divino Mestre.

Não fosse Bezerra, o Espiritismo hoje estaria resumido às práticas experimentais e discussões estéreis. Paulo de Tarso está para Jesus, assim como Bezerra está para Kardec.

Foi na madrugada de 29 de agosto de 1831 que o pequeno Adolfo viu a luz do dia. Assim inicia Acquarone a magnífica biografia do "Kardec brasileiro".

Tendo nascido na freguesia do Riacho do Sangue, no Estado do Ceará, viveu na companhia dos pais até a mocidade, recebendo exemplos de probidade e justiça.

Com 20 anos, o jovem Adolfo dirigiu-se para o Rio de Janeiro, a fim de estudar medicina, enfrentando cinco anos de sacrifícios e renúncias, em que a vontade de vencer era a única bandeira a cuja sombra o estudante se abrigava.

Foi ao expirar do ano de 1856 que Bezerra concluía o seu curso de medicina. Contava, então, 25 anos de idade.

Os primeiros tempos foram daqueles capazes de desanimar! Entretanto, aos poucos, dos familiares passou a atender os amigos, e se via, com o decorrer dos meses, rodeado de numerosa clientela. Contudo, os colegas não lhe invejavam o sucesso: essa enorme clientela era de gente pobre que nada lhe pagava. E Bezerra nunca lhes falou em dinheiro!

Sua remuneração tornou-se estável quando, a convite do dr. Manoel Feliciano, ingressou no Corpo de Saúde do Exército, na condição de cirurgião-tenente.

O consultório do Centro Comercial, onde os ricos pagavam, apresentava uma renda satisfatória, mas esse resultado era gasto, quase na totalidade, com os clientes pobres: dava-lhes o medicamento, o pão e até agasalhos.

Casou-se com dona Maria Cândida Lacerda em 1858. Foi jornalista, colaborando em vários jornais da metrópole; clínico filantropo e acatadíssimo nos meios militares; eleito vereador por duas gestões, e, em 1867, aclamado na Câmara, para onde fora eleito deputado geral.

Enviuvou em 1863, ficando com dois filhos pequenos. Casou-se, posteriormente, com dona Cândida Augusta de Lacerda Machado, irmã materna de sua primeira mulher e com quem teve sete filhos.

Sua conversão ao Espiritismo se deu quando recebeu das mãos do dr. Joaquim Carlos Travassos um exemplar de *O Livro dos Espíritos*: “Lia, mas não encontrava nada que fosse novo...”, afirmava Bezerra. Anos passados, em 16 de agosto de 1886, na presença de 2.000 pessoas, na sala de honra da Guarda Velha, no Rio de Janeiro, Bezerra proclama a sua adesão ao Espiritismo, causando um forte abalo na sociedade carioca.

Ingressou no jornalismo desenvolvendo grande atividade no jornal *O País*, defendendo a Doutrina Espírita e exibindo as primícias dos seus princípios elevados, revestidos do cavalheirismo da mais apurada linguagem.

Foi presidente da Federação Espírita Brasileira por duas gestões, e lutou tenazmente pela concretização do seu grande sonho: **a união integral da família espírita brasileira.**

Fundou a primeira Escola de Médiuns na história do Espiritismo, sendo por isso combatido por muitos.

Desapontavam-no os intermináveis debates sobre a ciência espírita, uma vez que Bezerra não compreendia a Doutrina sem a fé religiosa. Prosseguia, no entanto, incansável, na campanha surda em prol dos ideais superiores. Era, segundo Acquarone, o único batalhador pela **Religião Espírita.**

Paupérrimo e em pleno isolamento, não desanimava. Das próprias provações tirava o influxo necessário para enfrentar a luta.

Três anos antes de raiar o século 20, Bezerra, mesmo cansado e combalido, atendia em seu consultório, na estação do Riachuelo, Rio de Janeiro, às centenas de consulentes pobres que se aglomeravam às portas da farmácia, de propriedade do seu velho amigo José Guilherme Cordeiro.

Foi aí, entre as quatro paredes daquela sala de trabalho, que a bondade de Bezerra atingiu a culminância de uma autêntica missão apostólica. "A Parada da Gratidão" é o capítulo do livro de Acquarone que relata os dias finais de Bezerra nessa jornada de luz que empreendera na triste noite dos homens. É um capítulo que deve ser lido para que o leitor possa viver os momentos emocionantes que marcaram o desfecho de uma grande vida.

No dia 11 de abril de 1900, após três meses, Bezerra viu-se livre da paralisia que lhe tolhia a língua e lhe roubara a fala e, sem um estertor, sem uma contração, alçava o vôo para a verdadeira vida.

Cinquenta anos passados do seu desencarne, em 11 de abril de 1950, o mundo espiritual lhe presta um singela homenagem. Entre cânticos e louvores, numa assembléia integrada por trabalhadores do Cristo, surge a imagem angelical de Celina, que, descendo do infinito, dirige-lhe a palavra:

"Adolfo Bezerra de Menezes, a Mãe Santíssima, considerando tuas lutas e aflições entre os homens, concede-te a ventura de novas experiências nas orbes de eterna luz".

Diante do excelso convite — distanciar-se da Terra e das suas pobrezas e mesquinharias — fez-se silêncio no recinto... O bom velhinho ergue-se e responde:

"Celina, vai e diz à Mãe do Nosso Celeste Benfeitor, que, se me é dado pedir, rogaria permanecer no abençoado solo do Cruzeiro; não me permito ser feliz enquanto no Brasil chorar alguém. Que possa eu ficar na Pátria do Evangelho entre os caídos e sofredores! Conceda-me estender as minhas pobres mãos sobre aqueles a quem o sopro frio da adversidade tem transformado em permanente pranto o caminho da vida... Até que a grande aurora de ventura imortal coroe a fronte e nimbe de luz todos os corações!".

Após momentos de profundas emoções surge do Alto, em letras luminosas, a resposta:

"Ser-te-á concedido, por amor ao teu próprio amor!".

EDGARD PEREIRA ARMOND

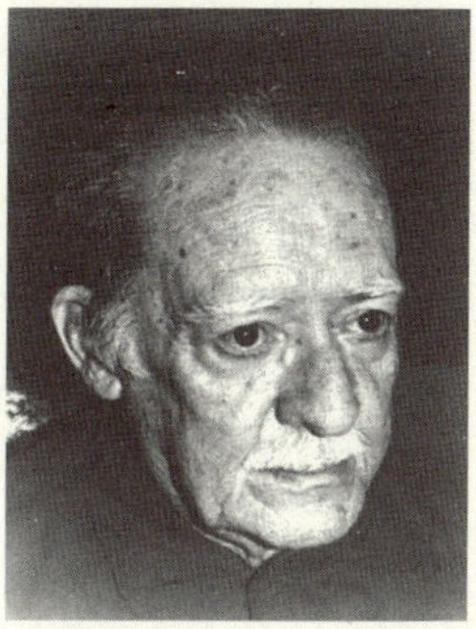

Nasceu no dia 14 de junho de 1894, na cidade de Guaratinguetá, Estado de São Paulo, e desencarnou no dia 29 de novembro de 1982, na cidade de São Paulo. Era filho de Henrique Ferreira Armond e de Leonor Pereira de Souza Armond. Em 1918 casou-se com Nancy de Menezes.

Desenvolve, a partir de 1914, brilhante carreira na Força Pública do Estado de São Paulo, chegando ao elevado posto de comando; entre seus feitos destaca-se a construção da estrada dos Tamoios, ligando o Litoral Norte ao Vale do Paraíba.

Em 1936, a convite do dr. Canuto Abreu, contribuiu para a formação de um grupo de estudos espíritas que funcionou na residência daquele emérito escritor.

Em 1940 tornou-se Secretário-Geral da Federação Espírita do Estado de São Paulo — FEESP, permanecendo nesta função até 1967, quando se afastou por motivos de saúde.

Em março de 1944, por sua iniciativa e de Marta Cajado de Oliveira, foi editado o primeiro número de *O Semeador* que passou a ser o órgão de divulgação oficial da FEESP.

Em 1947, contribuiu para a fundação da USE — União Social Espírita (hoje União das Sociedades Espíritas), sendo o seu primeiro presidente.

No dia 6 de maio de 1950, Edgard Armond implantou, na FEESP, as Escolas de Aprendizes do Evangelho, inscrevendo-se ele próprio como aluno com a matrícula de nº 1. Criou, também, os Cursos de Passes e de Médiuns, e a Assistência Espiritual padronizada.

Em 1973, fundou-se a Aliança Espírita Evangélica por sua inspiração.

Escreveu dezenas de obras: romances (*A Dupla Personalidade, Amor e Justiça* e *Às Margens do Rio Sagrado*), livros sobre mediunidade (*Mediunidade, Desenvolvimento Mediúnico* e *Passes e Radiações*), livros sobre história espiritual (*Os Exilados da Capela, Na Cortina do Tempo, Almas Afins* e *Salmos*), comentários doutrinários (*Enquanto é Tempo, Lendo e Aprendendo, Na Semeadura, Respondendo e Esclarecendo, Verdades e Conceitos*), cultura espírita (*Relembrando o Passado, Religiões e Filosofias, Tiradentes Missionário*), estudos doutrinários *(Demonologia, Espiritismo — Religião Redentora, Estudos e Temas, Livre-Arbítrio, Separações Conjugais à Luz do Espiritismo*) e diversas outras obras.

Edgard Armond foi pioneiro ao **dinamizar** a vivência do Espiritismo no seu aspecto religioso; ao criar as Escolas de Aprendizes do Evangelho; ao **incentivar** a Reforma Íntima; ao **valorizar** os passes nos trabalhos de Assistência Espiritual, **padronizando-os** para acelerar o atendimento do maior número de assistidos no menor espaço de tempo; ao **melhorar**, na prática, os Cursos de Médiuns, **estabelecendo** as cinco fases da sua aprendizagem; ao **estimular** as Caravanas de Evangelização e Auxílio, além de outras inovações nas vivências religiosas.

Antes de Edgard Armond grassava um empirismo retardador no campo da prática da reforma íntima e sua obra transformou a vivência do Espiritismo no Brasil, alçando-o de um estado de puro interesse fenomênico, personalismo e estagnação, para o de uma religião dinâmica e transformadora da Humanidade, ao valorizar a disciplina, a redenção pelo trabalho cristão e o processo de Reforma Íntima, com embasamento no Cristianismo dos primeiros tempos.

FRANCISCO CÂNDIDO XAVIER

Nasceu em 2 de abril de 1910, em Pedro Leopoldo, MG. Filho de pais humildes, a dona de casa Maria João de Deus e o vendedor de bilhetes João Cândido Xavier, teve, muito cedo, de ajustar-se ao trabalho infantil para ajudar sua família numerosa.

Aos quatro anos, perdeu a mãe e foi, temporariamente, colocado sob a tutela de uma madrinha, que o castigava com perversidade, diariamente. Desesperado com tal situação, sua mãe aparece a ele (seu primeiro contato com a mediunidade) pedindo-lhe paciência para aguardar a melhora da situação (que aconteceu após o segundo casamento do pai, amparado por uma madrastra carinhosa).

Aos dezessete, uma das irmãs de Chico Xavier é acometida de terríveis acessos de loucura — na verdade, uma pertinaz obsessão. Atendida por um casal de espíritas, vê-se curada por Espíritos Benfeitores. Com a cura espiritual da irmã, Chico vislumbra no Espiritismo o "caminho de verdade e vida" apontado por Jesus, decidindo tornar-se *espírita.* A mulher do casal, dona Cármen Perácio tem ainda, na presença de Chico, a visão de uma "chuva de livros" sobre sua cabeça. Logo, Chico passa a frequentar as reuniões espíritas do casal, desenvolvendo a mediunidade de psicografia. Foi esse o início da sua "missão do livro".

Em 1931, o Espírito Emmanuel, manifesta-se-lhe visivelmente, assumindo a direção de sua tarefa mediúnica, e pede duas coisas fundamentais para a sua vida: "disciplina, disciplina e disciplina" e que jamais, absolutamente, deixasse de ser "fiel à codificação kardequiana", sem as quais colocaria "tudo a perder".

Em 1932, foi editado pela FEB seu primeiro livro mediúnico, *Parnaso de Além-Túmulo*, que traz a assinatura dos maiores poetas desencarnados da língua portuguesa. A repercussão da obra não tardaria, chamando a atenção dos principais meios de comunicação, literatos e intelectuais da época, tornando-o nacionalmente conhecido e assediado.

Chico, entretanto, apesar do assédio, não se perturba, e permanece sempre "fiel aos exemplos e ensinamentos de Jesus", destacando-se-lhe a serenidade, o caráter humilde, a segurança de raciocínio — convicto do objetivo doutrinário de sua tarefa espiritual — e o espírito de serviço interminável em favor do próximo, de forma graciosa e evangélica, numa mediunidade zelosa do Bem.

A despeito de sua instrução primária, Chico é assistido e auxiliado pelos Espíritos Emmanuel e André Luiz, — este último passou a prestar sua colaboração, a partir da década de 40 — e consegue ir além das possibilidades humanas, produzindo um conjunto invejável de obras editadas (filosóficas, históricas, de natureza científico-doutrinárias, de instruções e mensagens, etc.), que ultrapassa a quatro centenas. Os livros da chamada "coleção André Luiz" (*Nosso Lar, Os Mensageiros, Missionários da Luz,* etc...) tornaram-se básicos ao conhecimento da vida espiritual, nunca antes revelada com tantos detalhes e minúcias pelos Espíritos, desnudando a realidade de sua organização, fundamentados nas leis divinas, como a lei de Ação e Reação.

São muitos os casos e histórias sobre a mediunidade de Chico contados pelos seus biógrafos: o processo que sofreu da família do falecido escritor Humberto de Campos, que requeria os direitos autoriais do Espírito; legados e fortunas rejeitadas, como a do industrial Frederico Fígner, que o tornaria um homem rico; o hábitode chamar pessoas que nunca viu antes pelo nome, transmitindo-lhe instruções inesquecíveis; respostas precisas dos Espíritos dadas a simples inquirições do pensamento; o perfume de rosas, que exala de si, causando um "enlevo espiritual"; diversos tipos de fenômenos de efeitos físicos com objetivos espirituais elevados... Mas nada foi tão caro e importante em sua tarefa espiritual, provocando o despertamento para a responsabilidade da vida cristã, com vistas às responsabilidades da vida futura, que sua dedicação e seriedade na recepção das mensagens recebidas de parentes, amigos e conhecidos desencarnados, sob a direção de Emmanuel, incitando seus beneficiários, o público presente e os leitores dessas mensagens, à mudanças de atitude e de conceitos vitais sob a égide da reforma íntima. Esse trabalho se multiplicou pela vida afora, no Brasil e no exterior, com a fundação de um número incontável de Casas e obras assistenciais espíritas.

Chico sempre viveu tudo aquilo que Jesus e os Espíritos Superiores ensinaram, e foi incansável, mesmo doente desde a mocidade — problemas cardíacos, labirintite, cegueira parcial — e, ainda, acometido de problemas materiais constantes. Soube representar bem a Doutrina dos Espíritos com fidelidade a Kardec, sem jamais faltar ao compromisso do trabalho e *"dando de graça o que de graça recebeu"*. Além disso, todos os direitos autorais de suas obras mediúnicas foram doados a diversas instituições assistenciais espíritas. Pelos tantos benefícios prestados, chegou a ser indicado ao Prêmio Nobel da Paz, em 1980, quando a vencedora foi Madre Teresa de Calcutá.

Em Pedro Leopoldo, Chico trabalhou no Centro Espírita Luiz Gonzaga, até 1959, quando se transferiu para Uberaba, devido a problemas de saúde e por orientação médica. Em Uberaba trabalhou no Comunhão Espírita Cristã até 1975, quando fundou o Grupo Espírita da Prece, realizando também o conhecido Evangelho ao ar livre, à sombra do abacateiro. Aposentou-se como modesto funcionário público do Ministério da Agricultura, em 1973. A partir da segunda metade de 1990, Chico afastou-se das atividades públicas regulares devido a sérios problemas de saúde.

São inúmeras as homenagens públicas que recebeu — e todas ele as atribuiu à Doutrina Espírita, dizendo-se apenas ter servido de "cabide" à ela. Quando foi receber o título de cidadão paulistano, Emmanuel fez um discurso memorável, lembrando aos vereadores presentes, fatos e mais fatos, datas de acontecimentos e uma infinidade de personalidades, por estes desconhecidos, que fizeram a história da cidade, desde a sua fundação, por Manuel da Nóbrega. Este mesmo Manuel da Nóbrega que, conforme escreveu Clóvis Tavares, em *Amor e Sabedoria de Emmanuel*, foi também o primeiro catequisador e o primeiro escritor em terras brasileiras.

Bibliografia

Vida e Obra de Léon Denis, Gaston Luce, CELD.

Eurípedes Barsanulfo, o Apóstolo da Caridade, Jorge Rizzini, Correio Fraterno do ABC.

Uma Grande Vida, Leopoldo Machado, Casa Editora O Clarim.

Adolfo Bezerra de Menezes, O Médico dos Pobres, Francisco Acquarone, Editora Aliança.

Personagens do Espiritismo, Antonio de Souza Lucena e Paulo Alves Godoy, FEESP.

Chico Xavier, Mediunidade e Coração, C. A. Baccelli, IDEAL.

Edgard Armond, meu pai, Ismael Armond, Editora Aliança.

Escola de Aprendizes do Evangelho
(Iniciação Espírita)

A Escola de Aprendizes do Evangelho é um programa organizado para proporcionar a vivência do Cristianismo como proposta essencial de aperfeiçoamento moral da Humanidade através da Reforma Íntima do ser. Busca a renovação do homem em seus sentimentos, pensamentos e atitudes, proporcionando-lhe experiências de verdadeiro autoconhecimento e despertamento de seus ideais divinos.

Não se trata de um curso como habitualmente se entende a partir da palavra "escola", mas sim de um processo de Iniciação Espiritual baseado no Evangelho de Jesus, entendido como a forma mais pura de vivenciar a proposta religiosa do Espiritismo para o Bem da Humanidade.

As Escolas de Aprendizes do Evangelho preparam e purificam os Espíritos para o ingresso em vidas mais perfeitas, na comunhão de todos os dias com Deus, despertando a consciência interna para que vibre em sintonia com os planos espirituais mais elevados.

Não é um curso comum de preparação teórica, mas a oportunidade que o aprendiz tem para adestrar suas forças, sem temor e represálias, terçar armas contra si mesmo, isto é, contra todas as suas imperfeições: maus pensamentos, más palavras e más ações, e provar a si próprio que está combatendo por decisão própria sem engodos ou forçamentos, visando seu próprio engrandecimento espiritual.

Programa de Aulas

Aula	Título
1	Aula inaugural
2	A Criação
3	O nosso Planeta
4	As raças primitivas
5	Constituição Geográfica da Terra
6	Civilização da Mesopotâmia
7	Missão Planetária de Moisés/ Preparação dos Hebreus no deserto
8	Introdução ao Processo de Reforma Íntima
9	O Decálogo/Regresso a Canaã/A morte de Moisés
10	O governo dos Juízes/O governo dos Reis até Salomão
11	Separação dos Reinos/Sua Destruição/ O período do cativeiro até a reconstrução de Jerusalém
12	História de Israel e dominação estrangeira
13	Implantação do Caderno de Temas
14	O nascimento do Messias e controvérsias doutrinárias
15	Os reis magos e o exílio no estrangeiro
16	Infância e juventude do Messias
17	Jerusalém e o Grande Templo/Reis e líderes
18	As seitas nacionais/Os costumes da época
19	A Fraternidade Essênia
20	O precursor
21	O início da tarefa pública/Os primeiros discípulos
22	A volta a Jerusalém e as escolas rabínicas

23 Passagem para o grau de aprendiz
24 Implantação da Caderneta Pessoal
25 Regresso à Galiléia/A morte de João Batista
26 Os trabalhos na Galiléia
27 As parábolas. Introdução. (I) Usos e costumes sociais
28 Pregações e curas
29 Hostilidades do Sinédrio
30 O desenvolvimento da pregação
31 As parábolas. (II) Domésticas e Familiares
32 Implantação das Caravanas de Evangelização e Auxílio
33 O quadro dos apóstolos e a consagração
34 Excursões ao estrangeiro
35 As parábolas. (III) Vida rural
36 O Sermão do Monte
37 A Gênese da Alma
38 Atos finais na Galiléia
39 Últimos dias em Jerusalém
40 Encerramento da Tarefa Planetária
41 Prisão e entrega aos romanos
42 O Tribunal Judaico
43 O julgamento de Pilatos
44 O Calvário
45 Ressurreição
46 Exame Espiritual
47 Exame Espiritual
48 Passagem para o grau de servidor
49 Evolução do Homem animal para o Homem Espiritual

50 Interpretação do Sermão do Monte
51 Interpretação do Sermão do Monte
52 Interpretação do Sermão do Monte
53 Interpretação do Sermão do Monte
54 Fundação da Igreja Cristã
55 Ascensão
56 Vida Plena - Conceito
57 Instituição dos diáconos
58 A conversão de Paulo
59 O apóstolo Paulo e suas pregações
60 Paulo defende-se em Jerusalém
61 Os apóstolos que mais se destacaram e seus principais atos
62 Preconceito - Definição
63 Preconceito/Vivência (Exercício de Vida Plena)
64 O estudo das epístolas
65 A predestinação segundo a doutrina de Paulo
66 Justificação dos pecados
67 Continuação das epístolas
68 Vícios e defeitos - Conceitos
69 A doutrina de Tiago sobre a salvação
70 A doutrina de Pedro, João e Judas
71 O apocalipse de João
72 O apocalipse de João
73 Vícios e defeitos/Vivência (Exercício de Vida Plena)
74 Ciência e Religião
75 Pensamento e Vontade
76 Lei de Ação e Reação

77 Amor como Lei Soberana, o valor científico da prece, Lei da Solidariedade

78 A Medicina Psicossomática

79 Exercício de Vida Plena

80 Curas e milagres do Evangelho

81 Cosmogonias e concepções do Universo

82 Estudos dos seres e das formas

83 Evolução nos diferentes reinos/
Histórico da evolução dos seres vivos

84 Leis Universais

85 Exercício de Vida Plena

86 O Plano Divino/A Lei da Evolução

87 A Lei do Trabalho/A Lei da Justiça

88 A Lei do Amor

89 Amor a Deus, ao próximo e aos inimigos

90 A filosofia da dor

91 Normas da vida espiritual

92 Exame Espiritual

93 Exame Espiritual

94 Estrutura da Aliança e de um Centro Espírita
Como abrir um Centro Espírita

95 Nova frente de trabalho

96 Evolução Anímica (I)

97 Evolução Anímica (II)

98 Categoria dos mundos

99 Imortalidade

100 A Fraternidade do Trevo e FDJ

101 Reencarnação

102 Exercício de Vida Plena

103 Regras para a educação,
conduta e aperfeiçoamento dos seres

104 Regras para a educação,
conduta e aperfeiçoamento dos seres

105 Regras para a educação,
conduta e aperfeiçoamento dos seres

106 O papel do discípulo

107 O cristão no lar

108 O cristão no meio religioso e no meio profano

109 Os recursos do cristão

110 Exercício de Vida Plena

111 Iniciação Espiritual

112 Estudo do perispírito/Centros de força

113 Regras de conduta

114 O espírito e o sexo

115 Problemas da propagação do Espiritismo

116 Exame Espiritual

117 Exame Espiritual

118 Exame Espiritual. Devolução das cadernetas/
Esclarecimentos sobre o período probatório de três meses, após o estudo de *O Livro dos Espíritos*, necessário à passagem para o grau de Discípulo (ingresso na FDJ)